essentials

Tom Seeger

Das agile Team steuert sich selbst

Kompetenzen und Fähigkeiten zur Eigenentwicklung selbstorganisierter Teams

Tom Seeger
ameglio GmbH
Ittigen, Schweiz

ISSN 2197-6708   ISSN 2197-6716   (electronic)
essentials
ISBN 978-3-658-31170-4   ISBN 978-3-658-31171-1   (eBook)
https://doi.org/10.1007/978-3-658-31171-1

Die Deutsche Nationalbibliothek verzeichnet diese Publikation in der Deutschen Nationalbibliografie; detaillierte bibliografische Daten sind im Internet über http://dnb.d-nb.de abrufbar.

Planung/Lektorat: Ulrike Lörcher
Springer Gabler ist ein Imprint der eingetragenen Gesellschaft Springer Fachmedien Wiesbaden GmbH und ist ein Teil von Springer Nature.
Die Anschrift der Gesellschaft ist: Abraham-Lincoln-Str. 46, 65189 Wiesbaden, Germany

Was Sie in diesem *essential* finden können

- Aktuelles Verständnis von Agilität und Selbststeuerung
- Organisation und Führung
- Selbststeuerung im agilen Team
- Methoden zur Eigenentwicklung des agilen Teams
- Kompetenzen und Fähigkeiten zur Eigenentwicklung des agilen Teams

Noch ein Buch zum Thema agil, bzw. Agilität! Viele mögen die Begriffe AGIL und AGILITÄT gar nicht mehr lesen und haben intuitiv Widerstandsreflexe entwickelt, wenn sie AGIL schon nur hören. Nüchtern betrachtet kann man es jedoch drehen und wenden wie man will. Es gibt aktuell keine treffendere Bezeichnung für Arbeitsweisen, welche die Eigenverantwortung der Mitarbeitenden steigert, die Arbeitsprozesse beschleunigt und die Innovationskraft im Unternehmen erhöht.

Was unterscheidet dieses Buch von anderen zu diesem Thema? Es ist praxistauglich und beantwortet die einfache Frage vieler interessierter Leser nach dem Wie. Wie befähige ich meine Mitarbeitenden oder mein Team zu agiler Arbeitsweise?

Im vorliegenden Essential beschreibe ich, welche Kompetenzen und Fähigkeiten agile Teams benötigen, um die Eigenentwicklung sowie den Systemerhalt aus sich selbst heraus sicherzustellen. Bewegt zu diesem Buch hat mich primär die Erkenntnis, wonach die Autonomie im selbstorganisierten Team keinen Sinn ergibt, wenn die Arbeit zwar selbstorganisiert verrichtet wird, jedoch das agile Team nicht in der Lage ist, sich aus sich selbst heraus zu entwickeln.

Das Buch ist für alle diejenigen interessant, welche sich mit der Befähigung von Mitarbeitenden und Teams, zwecks Einführung oder Weiterentwicklung von agilen Arbeitsformen in ihrer Organisation, beschäftigen. Praxisnah und anwendungsorientiert erfahren Sie, warum Menschen in der Lage sein müssen sich selbst und als Kollektiv das agile Team zu steuern, um langfristig in agilen Arbeitsmodellen erfolgreich zusammen zu arbeiten.

Begleitet von konkreten Praxisbeispielen bilden die Herleitung und Aneignung von Schlüsselfähigkeiten und -kompetenzen, wie Systemverständnis, systemisches Denken und Metakommunikation, den Kern dieses Buches. Sie werden erkennen, dass dank dieser die Selbststeuerung im agilen Team mittels Methoden wie z. B. Retrospektiven, Team-Reflexionen oder Intervisionen wesentlich wirkungsvoller umgesetzt werden kann.

Es geht nicht um entweder oder – agil oder nicht agil. Es geht vielmehr um eine Haltung des SOWOHL ALS AUCH. Das heisst, agile Arbeitsformen machen auch in herkömmlich strukturierten Organisationen Sinn. Die Kunst besteht darin, die für das Gesamtsystem stärkenden Elemente aus den verschiedenen Arbeitsformen optimal im Unternehmen zu nutzen. Agilität ist kein Allheilmittel, kann aber je nach Situation und Marktumfeld von Nutzen sein. In diesem Sinne wünsche ich Ihnen viel Freude beim Lesen und Umsetzen.

Tom Seeger

Inhaltsverzeichnis

1 Einleitung 1
  1.1 Agilität und Selbstorganisation 2
  1.2 Gliederung 3

2 Das agile Team 5
  2.1 Das (Sub)System Team 5
    2.1.1 Team als soziales System 6
    2.1.2 Team – Gruppendynamische Definition 6
    2.1.3 Team – Systemische Definition 7
    2.1.4 Normen und Rollen als Steuerungselemente 8
  2.2 Attribute von Selbstorganisation 9
    2.2.1 Elemente der Selbstorganisation 10
    2.2.2 Voraussetzungen für Selbstorganisation 10
    2.2.3 Reifegrad der Selbstorganisation 11
  2.3 Erstes Zwischenfazit 12

3 Organisation und Führung 13
  3.1 Notwendigkeit von Führung 14
    3.1.1 Führung entwickelt Organisation 14
    3.1.2 Führung setzt Rahmen 14
    3.1.3 Selbstorganisation braucht Führung 15
    3.1.4 Führung durch Struktur 15
  3.2 Was Führung leistet 16
    3.2.1 Vom Vorgesetzten zur Führungskraft 16
    3.2.2 Führung leistet Dienst am System 17
    3.2.3 (Selbst-)Führung als Haltung 18

3.3 Führung in agilen Teams 18
    3.3.1 Attribute agiler Führung. 18
    3.3.2 Agile Führungsmodelle 19
3.4 Zweites Zwischenfazit 21

4 Selbststeuerung im agilen Team 23
4.1 Grundlagen der Selbststeuerung 23
    4.1.1 Führen oder Steuern – Begriffsanwendung 23
    4.1.2 (Selbst-)Steuerung im und am System. 24
    4.1.3 Selbststeuerung – Steuerung innerhalb des Teams 25
    4.1.4 Fremdsteuerung – Steuerung von ausserhalb des Teams.... 25
    4.1.5 Überblick über die Steuerungsimpulse im agilen Team 26
4.2 Notwendige Selbststeuerung 27
    4.2.1 Lösungen aus sich heraus entwickeln 27
    4.2.2 Ohne Selbststeuerung keine Autonomie 28
4.3 Methoden der Selbststeuerung. 28
    4.3.1 Schleifenmodell. 28
    4.3.2 Methoden im Überblick. 29
4.4 Drittes Zwischenfazit. 31

5 Kompetenzen und Fähigkeiten zur Eigenentwicklung 33
5.1 Schlüsselfähigkeiten und -kompetenzen zur Eigenentwicklung
    des Teams. 34
    5.1.1 Systemverständnis 34
    5.1.2 Systemisches Denken. 35
    5.1.3 Metakommunikation 36
5.2 Fähigkeiten und Kompetenzen entwickeln 37
    5.2.1 Praxiserfahrungen utilisieren. 38
    5.2.2 Begleitung durch Supervision/Coaching 38
    5.2.3 Unterstützende Theorie 39
    5.2.4 Experimentieren mittels Strukturbildung. 39
5.3 Grenzen der Eigenentwicklung 40
    5.3.1 Limitierte Fähigkeiten im Team. 40
    5.3.2 Zu Beginn mit Unterstützung. 41
    5.3.3 Einfluss von ausserhalb 41
5.4 Viertes Zwischenfazit. 41

6 Schlussbetrachtungen 43

Literatur. 47

Einleitung

1

Teamarbeit und Führung in agilen Arbeitsmodellen sind entscheidende Erfolgsfaktoren für Unternehmen im Zeitalter von VUKA – Volatilität, Ungewissheit, Komplexität, Ambiguität (Mehrdeutigkeit). Teams mit einem hohen Reifegrad an Autonomie und Selbstorganisation agieren schneller, anpassungsfähiger und innovativer als Arbeitsgruppen in traditionellen Organisations strukturen. Dabei steht Führung nicht im Widerspruch zur Selbstorganisation. Ganz im Gegenteil. Die jüngsten Praxiserfahrungen zeigen, dass Selbstorganisation ohne Führung nicht funktioniert. Gemeint ist damit die Ausübung bekannter Führungsaufgaben, innerhalb des agilen Teams organisiert und aufgeteilt (vgl. Gloger und Rösner 2017, S. 109). Das ist notwendig, will das agile Team seine Autonomie aufrechterhalten und weiterentwickeln. Was ergibt die Autonomie im selbstorganisierten Team sonst für einen Sinn, wenn die Arbeit zwar selbstorganisiert verrichtet wird, das agile Team jedoch nicht in der Lage ist, sich aus sich selbst heraus zu entwickeln?

Selbstorganisation bedeutet Autonomie. Autonomie wiederum heisst, frei zu denken und selbstbestimmt zu handeln (vgl. Steiner 2016, S. 32). Je stärker die Selbstorganisation im agilen Team ausgeprägt ist, desto eher ist Eigenentwicklung aus sich selbst heraus möglich. Eigenentwicklung und Autonomie wirken hierbei wechselseitig. Je höher der Grad an Selbstbestimmung (Agilität) im Team entwickelt ist, desto besser sind die Voraussetzungen für Eigenentwicklung gegeben. Und umgekehrt, je mehr Eigenentwicklung stattfindet, desto ausgeprägter entfaltet sich der Grad an Autonomie im Team. Um Eigenentwicklung als Team überhaupt realisieren zu können, benötigt es zusätzlich **Selbststeuerung als Werkzeug.** Soll dieses Werkzeug wirkungsvoll und gezielt eingesetzt werden, so ist es notwendig sich als Team die entsprechenden Fähigkeiten und Kompetenzen dafür anzueignen. Sind diese Fähigkeiten zur

1

sogenannten **Führung am System** nicht vorhanden, verringert das Team zwangsläufig seinen Grad an Selbstbestimmung, im schlimmsten Fall bis hin zum vollständigen Verlust seiner Autonomie. Führung spielt dabei mit all ihren Aufgaben eine zentrale Rolle und leistet einen wichtigen Dienst am System.

Nachfolgend wird hergeleitet, welche Fähigkeiten agile Teams benötigen, um die Eigenentwicklung und den Systemerhalt sicherzustellen. Menschen müssen in der Lage sein, sich selbst und als Kollektiv das agile Team zu steuern, sollen sie langfristig in agilen Arbeitsmodellen erfolgreich zusammenarbeiten. Dies beinhaltet u. a. Fähigkeiten zur Selbstführung sowie Kommunikation auf der Metaebene um Methoden wie z. B. Retrospektiven, Team-Reflexionen oder Intervisionen wirkungsvoll und zielführend anwenden zu können.

1.1 Agilität und Selbstorganisation

Mit der Einführung von agilen bzw. selbstorganisierten Teams wird häufig die Abschaffung von Hierarchiestufen in Zusammenhang gebracht. Nicht selten wird in diesem Kontext der Irrglaube verbreitet, dass Führung und Steuerung nun überflüssig sind und somit ebenfalls abgeschafft werden können. Was zurück bleibt, sind sich selbstüberlassene anstelle selbstorganisierter Teams. Heilloses organisatorisches und strukturelles Durcheinander sind oft die Folge und die Arbeitsfähigkeit im Team ist dahin.

Hinzu kommt eine weitere Unsicherheit. Sind Agilität und Selbstorganisation zwei Schuhe des gleichen Paars oder werden beide Begriffe nur irrtümlicherweise synonym verwendet? Zunächst gibt es für den Begriff AGIL bzw. AGILITÄT in der Literatur zahlreiche Definitionen. Oft geht aus diesen nicht eindeutig hervor, was nun konkret damit gemeint ist. So wird beispielsweise auch ein Unternehmenskonzept unter dem Begriff AGILITÄT verstanden. Dieses besagt, dass sich Unternehmen abstützend auf Unsicherheiten, Veränderungen und Schwankungen proaktiv vorbereiten und schnell reagieren (Ramsauer et al. 2017, S. 79). Auf das Individuum betrachtet taucht wiederum der Begriff des AGILEN MINDSET auf. Hierbei handelt es sich um die individuelle Mentalität eines jeden Einzelnen für eine bewegliche, sich verändernde Umwelt, im Kontext eines sich schnell wandelnden und unberechenbarem Umfeld (Moser 2017, S. 27). Organisationen hingegen zeichnen sich dann durch Agilität aus, wenn sie Trends frühzeitig erkennen, sich an neue Gegebenheiten rasch anpassen sowie Kundenwünsche flexibel und proaktiv einbeziehen (Geramanis 2020, S. 4).

In diesem Kontext wird Agilität als eine Eigenschaft moderner Organisationsformen wie Soziokratie, Holokratie oder Scrum gesehen. Diese wiederum werden sogar als unfassende Organisationsmodelle verstanden (Geramanis 2020, S. 18). Ausserdem zeichnet sich Selbstorganisation dadurch aus, dass sie die hierarchische Führung durch Selbstkoordination ersetzt. Dies wiederum gilt für alle Ansätze von selbstorganisierten, agilen Organisationsformen (Schumacher und Wimmer 2019, S. 14). Schlussfolgernd daraus, werden im nachfolgenden Kontext die beiden Begriffe AGIL und SELBSTORGANISIERT bzw. AGILITÄT und SELBSTORGANISATION synonym verwendet.

1.2   Gliederung

Der Beginn handelt vom **Team als System** und erläutert, durch was es sich definiert und wodurch es sich als Organisationsform auszeichnet. Ergänzt wird der erste Teil mit der Auseinandersetzung, was Selbstorganisation überhaupt ist. Im Kontext agiler Teams wird ausserdem auf die Attribute solcher näher eingegangen.

Der zweite Teil steht im Fokus von **agiler Führung.** Einerseits wird aufgezeigt warum es Führung in agilen Organisationssettings braucht. Andererseits wird der Frage nachgegangen; Was leistet Führung? Abgerundet wird dieser Abschnitt mit einem Einblick in agile Führungsmodelle und was sie verbindet.

Das darauffolgende Kapitel widmet sich der **Selbststeuerung im agilen Team.** Was heisst Selbststeuerung, wie definiert sie sich, warum ist sie notwendig und wie verhält sie sich? Zu diesen Fragen werden mögliche Antworten gegeben. Geschlossen wird der dritte Teil mit der Auflistung einiger Methoden zur Selbststeuerung von agilen Teams.

Im letzten Abschnitt werden **Fähigkeiten** und **Kompetenzen** beschrieben, welche es benötigt um die Methoden zur Selbststeuerung als agiles Team anwenden zu können. Angereichert mit Praxisbeispielen wird der Nutzen dieser Fähigkeiten vertieft. Zum Abschluss wird eine Auswahl an Hilfsmitteln vorgestellt, welche die Aneignung und Entwicklung dieser Kompetenzen unterstützen.

Das agile Team

Die Dynamisierung der Wirtschaft und der zunehmende Wettbewerbs- wie auch Innovationsdruck führen in vielen Unternehmen zu einem Strukturwandel der Organisationsarchitektur. Die zunehmende Umweltkomplexität kann nur durch eine angemessenen Eigenkomplexität im Inneren sozialer Systeme beantwortet werden. Eigenkomplexität in Organisationen heisst, an dafür sinnvollen Stellen in Teamstrukturen beispielsweise Entscheidungen treffen oder die Arbeit zu erledigen (Wimmer 2008, S. 44 f).

Das Strukturelement TEAM und all seine unterschiedlichen Ausprägungen wie z. B. Arbeitsteam, Projektteam, Leitungsteam etc., ist aus den heutigen Organisationen nicht mehr wegzudenken. Teams begegnet man tagtäglich in den unterschiedlichsten Konstellationen, Umweltbedingungen und Zusammenhängen. Daher ist es wichtig zu verstehen, was ein Team ist, woraus es besteht, welche Merkmale ihm zugrunde liegen, wie es sich von anderen Strukturelementen unterscheidet, welche Leistungen es zu erbringen hat und wie es gesteuert wird.

2.1 Das (Sub)System Team

Systeme sind in sich geschlossen und grenzen sich klar gegenüber anderen Systemen ab. Durch ihre Schnittstellen zueinander, können diffuse Trennlinien zwischen den Systemen entstehen. Die Leitfrage: «WER GEHÖRT DAZU?», oder: «WER IST DRINNEN UND WER IST DRAUSSEN?», gibt Auskunft über die Zugehörigkeit zum jeweiligen System (Ferrari 2013, S. 17 f.). So sind beispielsweise jedes Unternehmen, jede Abteilung und jedes Team ein System. Die Besonderheit bei Teams ist, dass diese meist ein Teil eines grösseren Systems sind, z. B. des Unternehmens oder der Abteilung und somit gleichzeitig auch ein Subsystem darstellen.

Ähnlich verhält es sich mit sogenannten Kreisen. Kreise trifft man in agilen Organisationsmodellen an. Diese bilden besondere Einheiten z. B. zu Koordinations- und Führungszwecken. Genauso wie Teams, befolgen Kreise einen Zweck und bestehen aus Menschen. Sie sind jedoch meist nicht an den wertschöpfenden Arbeiten beteiligt, was sie von Teams im Sinne der Arbeitsgruppe unterscheidet. Trotzdem werden die Begriffe Team und Kreis vielerorts synonym verwendet und verstanden. Zur Klärung der Systemzugehörigkeit ist in diesem Zusammenhang die Frage; «IN WELCHEM TEAM ARBEITEST DU?» (Oestereich und Schröder 2017, S. 283), äusserst hilfreich. Sie gibt sowohl Auskunft über die identitätsstiftende Zugehörigkeit des Mitglieds als auch über die Einheit, in welcher der Mitarbeitende den grössten Teil seine Arbeit verrichtet (ebd.).

2.1.1 Team als soziales System

Soziale Systeme zeichnen sich dadurch aus, dass die Handlungen und die Kommunikation der Menschen das System bilden (Ferrari 2013, S. 21). Teams sind somit nicht nur ein Arbeitsinstrument zur Erfüllung einer Aufgabe, sondern auch ein soziales System (König und Schattenhofer 2015, S. 18). Das heisst, ein Team ist eine sich selbst hervorbringende soziale Struktur – eine Ordnung (König 2016, S. 95). Und die Menschen im Team bilden dieses System mit ihrer eigenen Geschichte sowie ihren eigenen Beziehungen untereinander und gegenüber anderen Systemen.

2.1.2 Team – Gruppendynamische Definition

Gruppendynamisch betrachtet ist nicht jede Gruppe ein Team, aber jedes Team ist eine Gruppe. Im arbeits- und aufgabenbezogenen Kontext ist das Team demnach eine Sonderform der Gruppe. König und Schattenhofer (2015, S. 15) definieren die Merkmale für Gruppen und Teams wie folgt:

- Sie bestehen aus 3 bis ca. 20 Mitglieder
- Sie haben eine gemeinsame Aufgabe oder ein gemeinsames Ziel
- Sie verfügen über die Möglichkeit der direkten Kommunikation
- Sie sind eine gewisse Zeit zusammen

Wesentliches Unterscheidungsmerkmal zwischen Team und Gruppe ist der grössere Handlungsspielraum des Teams in Bezug auf die eigene Steuerung. So werden bspw. alle mit der Aufgabe verbundenen Belange im Team selbst geplant, entschieden und ausgeführt (König und Schattenhofer 2015, S. 18 f.). Edding und Schattenhofer (2015, S. 13 f.) gehen noch einen Schritt weiter und reden gar von Leistungen, welche ein Team erfüllen muss, um als Team zu gelten. Diese sind:

Zweckerfüllung

- Eine Aufgabe erfüllen
- Eine bestimmte Arbeit leisten

Bedürfnisbefriedigung

- Seinen Mitgliedern etwas bieten
- Ihre Interessen und Bedürfnisse befriedigen

Systemerhalt

- Sich selbst erhalten
- Sich selbst pflegen (entwickeln)

Zusammengefasst heisst dass, das sich ein (agiles) Team durch Selbststeuerung auszeichnet und sich dem Systemerhalt als einer der drei zu erbringenden Leistungen annehmen muss.

2.1.3   Team – Systemische Definition

Teams sind soziale Systeme. Aus dieser SYSTEMISCHEN PERSPEKTIVE heraus, zeichnen sich Teams durch ein hohes Mass an Selbstorganisation aus (Oestereich und Schröder 2017, S. 282). Ein weiteres Wesensmerkmal des Teams ist die Übernahme gemeinsamer Verantwortung durch seine Mitglieder. Wird bspw. eine Aufgabe an mehrere Personen, an ein Team übertragen, so ist es nur konsequent, dass die Verantwortung nicht nur an alle Teammitglieder gleichermassen über-tragen wird, sondern auch von diesen wahrgenommen wird. Im Umkehrschluss bedeutet das auch, dass Teammitglieder, welche keine auf die Aufgabe bezogene Verantwortung übernehmen, aus dem Team ausgeschlossen sind. Sie können dann wiederum als Schnittstellen in Form von Kooperationspartnern betrachtet werden (vgl. Ferrari 2013, S. 86 f.). Ferrari (2013, S. 96) definiert demnach die Kernmerkmale eines Teams wie folgt:

Gemeinsame Aufgabe
- Was genau beinhaltet sie?
- Welche Ziele sollen erreicht werden?

Weitgehende Selbstorganisation (Agilität)
- Was wurde vereinbart?
- Welche Regeln gelten?
- Wie wird Sie weiterentwickelt?

Gemeinsame Verantwortung

- Wer trägt sie mit?
- Welche Menschen gehören also zum Team?

Zusammengefasst heisst das, dass Selbstorganisation ein Wesensmerkmal eines jeden Teams ist. Demnach verfügt jedes Team bereits über eine gewisse Agilität und deren Weiterentwicklung ist eine der drei Kernmerkmale des (agilen) Teams.

Die Summe beider Definitionen ergibt, dass (agile) **Teams sich durch Selbststeuerung und Selbstorganisation auszeichnen** und ihre Aufgaben u. a. darin bestehen, den **Systemerhalt sicherzustellen** und die **Selbstorganisation weiter zu entwickeln.**

2.1.4 Normen und Rollen als Steuerungselemente

Rollen und Normen dienen im Team als Steuerungselemente. Sie vermitteln sowohl ein Abbild von WER MACHT WAS als auch einen Einblick in die Verhaltenserwartungen im Team, sprich WIE im Team zusammengearbeitet wird (vgl. König und Schattenhofer 2015, S. 43).

Normen
kann man auch als Verhaltensstandards bezeichnen. Sie können durch das Team erarbeitet, oder aber auch von Aussen in das Team hineingebracht werden. Normen definieren das WIE der Zusammenarbeit und geben Antwort auf

Fragen wie z. B.: «WIE WOLLEN WIR MITEINANDER UMGEHEN?», «WIE STÄRKEN WIR UNSERE ARBEITSFÄHIGKEIT?», usw. Sie geben jedem Teammitglied Orientierung, da sie Anspruch auf Geltung für alle Teammitglieder haben (vgl. König und Schattenhofer 2015, S. 44). Normen wirken wie Leitplanken und dienen der Steuerung des Verhaltens jedes Einzelnen unabhängig von seiner Aufgabe bzw. Rolle im Team.

Diese Verhaltenssteuerung durch Normen bedingt eine ständige und fortdauernde Auseinandersetzung mit denselben. Nicht zuletzt deshalb, da die Mitarbeitenden heutzutage in mehreren Teams tätig sind und in jedem Team wieder eigene Normen gelten. Die ständige individuelle Anpassungsbereitschaft verhält sich bei jedem Teammitglied unterschiedlich und wirkt sich in jedem Team entsprechend anders aus. Dies wiederum bedeutet, dass sich die Normen und deren Steuerungsrichtung dynamisch und wechselseitig verhalten.

Rollen
geben Auskunft über Rechte und Pflichten sowie Erlaubnisse und Verbote aller Mitglieder im Team. Gleichzeit zeigen sie auf, wo die Grundbedürfnisse Zugehörigkeit, Macht und Intimität im Team aufgehoben sind. Das heisst, Rollen machen die Unterschiede der Teammitglieder voneinander, z. B. in Form unterschiedlicher Erwartungen aneinander, sichtbar (König und Schattenhofer 2015, S. 43; Geramanis 2017, S. 40). Genau diese Differenzierung ist für die Arbeitsfähigkeit eines Teams eminent wichtig. Nach König und Schattenhofer (2015, S. 47 f.) braucht es im Team Rollen der Führung, der Umsetzung, der Entscheidung, der Kontrolle, usw. Rollen haben demnach einen Steuerungscharakter im Team, welcher sich bereits bei deren Ausarbeitung und Definition zeigt.

Ähnlich wie in einem Theaterstück, werden auch im Team die Rollen von Personen besetzt. Das heisst, die Rolle gehört zum Theaterstück bzw. dem Team. Sie wird durch eine oder mehrere Personen besetzt und wahrgenommen (Geramanis 2017, S. 41 f.). Auch umgekehrt kann eine Person mehrere Rollen einnehmen, so wie es in agilen Organisationsmodellen durchaus üblich ist. Die Person bewegt sich dann anhand ihrer unterschiedlichen Rollen auch in mehreren Teams.

2.2 Attribute von Selbstorganisation

Wie bereits vorher beschrieben, ist Selbstorganisation ein Wesensmerkmal von Teams. Man könnte sogar so weit gehen und sagen, dass Selbstorganisation für Teams eine Art Selbstverständnis ist. So erscheint es nicht weiter verwunderlich, dass der Begriff der Selbstorganisation bereits in den 1960er Jahren im Zusammenhang mit Teams auftauchte. In den letzten Jahren erlangte er jedoch zu neuer Aufmerksamkeit, nicht zu Letzt durch das viel beachtete Buch Reinventing Organizations von Frederik Laloux (2015). Doch welche Elemente, Voraussetzungen und Stufen der Selbstorganisation gibt es und welchen Einfluss haben sie auf die Eigenentwicklung des Teams?

2.2.1   Elemente der Selbstorganisation

Selbstorganisation ist auf den ersten Blick durch ihre **Aufgabenteilung** sowie durch ihre **Struktur** erkennbar. Doch das gilt auch für herkömmliche Organisationsformen. Ein wesentlicher Unterschied in der Selbstorganisation besteht vielmehr darin, dass im Team eine kollektive Erkenntnis über das vorherrschende gemeinsame Problem und dessen gemeinsame Lösung existiert. Das Team **anerkennt selbstständig die zu lösende Aufgabe als gemeinsames Problem** an. In herkömmlichen Organisationsstrukturen gehört das Problem häufig anderen, meistens denen da oben. Für das agile Team ist es demnach selbstverständlich das gemeinsame Problem zu lösen und somit selbstorganisiert zu handeln. Und dennoch braucht es einen **Initiator im Team,** damit sich die Strukturen bilden, die Aufgaben verteilen und das Problem gemeinsam gelöst werden kann (Gloger und Rösner 2017, S. 20 f.).

2.2.2   Voraussetzungen für Selbstorganisation

Wichtigste Voraussetzung für das Gelingen von Selbstorganisation im Team ist die Unterstützung von oben, den höhergelegenen Ebenen. Weitere Voraussetzungen finden sich in kulturellen, organisationalen, technischen und persönlichen Elementen wieder. Dennoch müssen die nachfolgenden **Schlüsselfaktoren** erfüllt sein, um von Selbstorganisation zu sprechen (Eppler 2019, S. 61):

- Gemeinsamer Sinn und Zweck
- Gegenseitiges Vertrauen und Respekt
- Fähigkeit aller sich selbst zu führen
- Ergänzende, komplementäre Fähigkeiten im Team
- Hohe individuelle Autonomie
- Individuelle Verantwortlichkeiten
- Stetige Koordination untereinander und mit anderen Teams

Hierbei ist jeder einzelne Faktor pro Teammitglied unterschiedlich ausgeprägt vorhanden bzw. entwickelt, jedoch in der Summe im Team erfüllt. Des Weiteren ist die Fähigkeit zur Selbstorganisation vom jeweiligen Aufgabenkontext abhängig und von Team zu Team unterschiedlich. In diesem Zusammenhang ist immer wieder vom sogenannten Reifegrad der Selbstorganisation bzw. von unterschiedlichen Ausprägungen der Selbstbestimmung im Team die Rede (Edding und Schattenhofer 2015, S. 29).

2.2.3 Reifegrad der Selbstorganisation

Der angesprochene Reifegrad der Selbstorganisation verdeutlicht die unterschiedlichen Ausprägungen der Selbstbestimmung in agilen Teams. Das heisst auch, dass nicht jedes agile Team gleichermassen in der Lage ist, das gleiche gemeinsame Problem selbstbestimmt zu lösen. Dabei geht es weniger um die Lösung an und für sich, als vielmehr um den Prozess der Lösungsfindung. Edding und Schattenhofer (2015, S. 29) orientieren sich an folgenden vier Stufen des Reifegrades von Selbstorganisation (Autonomie):

Geführtes Team

- Das Team bestimmt ausschliesslich über die Ausführung der Arbeit

Sich selbst führendes Team

- Das Team bestimmt zusätzlich über Kontrolle und Verbesserung der Arbeit

Sich selbst gestaltendes Team

- Das Team bestimmt über das Design der Zusammenarbeit (Ressourceneinsatz, Aufgabenverteilung)

Sich selbst bestimmendes Team

- Das Team bestimmt zusätzlich über die eigenen Ziele, den eigenen Sinn (Purpose)

Dem Reifegrad der Selbstorganisation in einem Team steht die Verantwortung des Managements gegenüber. Je geringer der Grad der Selbstbestimmung in einem Team entwickelt ist, desto stärker ist die Verantwortung des Managements und dessen Steuerungseinfluss auf das Team. Ein GEFÜHRTES TEAM, welches lediglich über die Ausführung der ihm zugeteilten Arbeit entscheidet, unterliegt einem starken Steuerungseinfluss des Managements z. B. in Bezug auf Kontrolle der Arbeit, Ressourceneinsatz oder Aufgabenverteilung und Zielsetzung.

Im Umkehrschluss lässt sich daraus ableiten, dass je grösser der Grad an Selbstbestimmung im Team ausgeprägt ist, desto agiler es ist. Das Team ist autonomer von seiner Umwelt, die Eigenverantwortung nimmt zu und die Fähigkeiten zur Eigenentwicklung sind stärker entwickelt.

2.3 Erstes Zwischenfazit

Aufgaben können in einem Unternehmen auf eine selbstorganisierte, agile Art und Weise erledigt werden. Demnach ist Selbstorganisation einfach eine andere Herangehensweise der Aufgabenbewältigung. So nüchtern dies klingen mag, so gelingt Selbstorganisation nur dann, wenn die zu bewältigende Aufgabe als gemeinsames Problem anerkannt wird und wenn Führung als tragende Säule im Team integriert wird (vgl. Gloger und Rösner 2017, S. 21).

Selbstorganisation ist ein Wesensmerkmal eines jeden Teams. Verwendet man selbstorganisiert und agil synonym, so ist jedes Team nicht nur in einem gewissen Grad selbstorganisiert, sondern auch agil. Die zentrale Frage lautet: Wie ausgeprägt agil ist es? So ist es weit weniger agil, wenn es lediglich die ihm zugetragenen Aufgaben erfüllt, als wenn es im Vergleich dazu Sinn und Ziele für sich selbst definiert.

Hier hilft es, sich an beiden Definitionen von TEAM zu bedienen, der gruppendynamischen sowie der systemischen. Die komplementäre Verwendung beider Definitionen führt zum vollständigen Verständnis was ein Team ausmacht. Demnach verfügt jedes Team über einen gewissen Grad an Agilität und über einen Leistungsauftrag sich selbst zu pflegen und zu erhalten. Dies wiederum verhält sich kongruent zu den Voraussetzungen für Selbstorganisation, wonach die FÄHIGKEIT ALLER SICH SELBST ZU FÜHREN als einer der Schlüsselfaktoren erfüllt sein muss.

Je höher der Grad an Autonomie, desto mehr erfüllen agile Teams die an sie gestellten Anforderungen sich selbst zu führen. Allein schon durch die Festlegung von Rollen und Normen im Team, wird das Team gesteuert. Im Idealfall definiert es diese selbst und steuert sich somit autonom. Das heisst aber auch, dass alle Teammitglieder über die Fähigkeiten zur Selbstführung verfügen müssen, wollen sie langfristig als Team erfolgreich selbstorganisiert zusammenarbeiten. Dabei helfen ihnen ihre Kommunikation und Handlungen untereinander, welche sie als soziales System auszeichnen.

Organisation und Führung 3

Führung hat sich schon immer mit der Entwicklung der Arbeitswelt verändert. Nicht erst heute in Zeiten der Digitalisierung. Bereits vor mehr als 230 Jahren zu Zeiten der Mechanisierung – Ende des 18. Jahrhunderts – mit der maschinengetriebenen Produktion, waren für die damalige Zeit neue Führungsmodelle wie z. B. Führung durch Autonomie gefragt. Später, ca. um 1870 entwickelten sich mit der Einführung der Fliessbandproduktion die Prinzipien der industriellen Arbeitsorganisation, bekannt als Taylorismus. Neue Anforderungen an die Führung, wie z. B. Führung durch Kontrolle waren die Folge. Mit Beginn des Zeitalters der Automatisierung der Produktion, zum Ende der 60er Jahre des letzten Jahrhunderts, änderten sich wiederum die Führungsanforderungen. Prägend für diese Epoche sind die noch heute gültigen Modelle wie z. B. Führung durch Delegation. Heutzutage, im Zeitalter von VUKA verändert sich Führung erneut, diesmal hin zu mehr Verständigung, Abstimmung, Einbezug und Vermittlung (Geramanis 2020, S. 6). Diese Führungsanforderungen sind auf Kooperation ausgelegt und verlangen ein kooperatives Führungsverhalten.

Führung und Organisationsstruktur sind untrennbar miteinander verbunden. Führung spielt sich dabei immer im legitimierten Rahmen der Organisationsstruktur ab (Pinnow 2012, S. 149). Reagieren Unternehmen auf den zunehmenden Wettbewerbsdruck, aufgrund mangelnder Innovationsfähigkeit und Kundenorientierung, mit Prozessoptimierungen und Kosteneinsparprogramme, so sind das Zeichen der Entkopplung von Führung und Organisation (Moser 2017, S. 1). Dies sind keine nachhaltig erfolgreichen Führungsrezepte, um in Zeiten von VUKA langfristig bestehen zu können.

Demnach ist es elementar anzuerkennen, dass es zur Bewältigung der heutigen Herausforderungen nicht mehr die eine ideale Führung gibt. Vielmehr muss man in der Lage sein, sich jeweils einer ideal für ihre spezifischen Zwecke geeigneten

Führung zu bedienen. Das gleiche gilt auch für die Form der Organisation. Auch hier gilt, dass es nicht die eine ideale Organisationsform gibt, sondern viele Organisationsformen, die wiederum ideal für die jeweiligen spezifischen Zwecke sind (Pinnow 2012, S. 150). Wie bereits erwähnt, Organisation und Führung sind eng miteinander verbunden. Beide müssen unter VUKA-Gesichtspunkten situativ ideal gewählt und eingesetzt werden.

3.1 Notwendigkeit von Führung

3.1.1 Führung entwickelt Organisation

Führung wird in Organisationen anhand von Führungsmodellen greifbar und diese wiederum werden durch Führungskräfte angewendet und gelebt. Für die Menschen in einer Organisation ist das angewendete Führungsmodell spürbar in Elementen wie bspw. Strukturen, Prozesse oder (Führungs-)Kultur. In diesen Elementen spielt sich auch die Entwicklung einer Organisation ab. In anderen Worten, eine Organisation kann sich nicht weiter entwickeln, als die Entwicklungsebene auf der sich Führung befindet (Laloux 2015, S. 41). Das heisst, will sich eine Organisation grundsätzlich entwickeln, so bedarf es der Führung an und für sich. Ohne Führung ist keine Entwicklung der Organisation möglich.

Versteht man dann noch Organisationen in ihrer Funktionsweise als lebendigen Organismus (Morgan 2018, S. 51 f.), so wird klar, dass der Wegfall von Führung das System in seiner Funktionsweise, Arbeitsfähigkeit und Existenz schwächt. Entwicklung und Fortbestand des Teams sind gefährdet, bis hin zum Systemkollaps oder -tod.

3.1.2 Führung setzt Rahmen

Wird die Notwendigkeit von Führung und deren Führungsaufgaben negiert, so entstehen im Team Orientierungslosigkeit, Unsicherheit und Unklarheit. Schlussendlich geht der Sinn für die geleistete Arbeit verloren. Nutzen und Zweck der eigenen Arbeit werden infrage gestellt. Die Arbeitsfähigkeit im Team leidet und die Ergebniserzielung nimmt ab. In der Folge können daraus Teamkonflikte, geringe Effektivität und eine Lähmung der Entscheidungsfindung entstehen (Appelo 2018, S. 72). Rollen und Normen im Team werden bedeutungslos und das agile Team ist im schlimmsten Fall nicht mehr handlungsfähig. Führung bestimmt somit den Rahmen, in welchem sich Organisation bzw. Selbstorganisation abspielt. Durch genau diese Rahmung, erfährt das Team Orientierung, Sicherheit und Klarheit darüber, was mit den Ergebnissen seiner Arbeit geschieht (Gloger und Rösner 2017, S. 109).

3.1.3 Selbstorganisation braucht Führung

Gerade für die Form der Selbstorganisation, ist die oben beschriebene Rahmengebung durch Führung unverzichtbar. Entwicklung im Team setzt Entwicklung des Individuums voraus. Will es sein Potenzial entfalten können, so sind Elemente der Führung wie z. B. Zieldefinition oder Rollenfindung und -klärung im Team nötig (Geramanis 2020, S. 21 f.). Ist dieser Rahmen gesetzt, so ist klar in welchem abgesteckten Feld Selbstorganisation stattfinden soll und kann.

Dies wiederum macht deutlich, warum die quasi über Nacht angeordnete Selbstorganisation kaum funktionieren kann. Eine saloppe Einführung von agilen Teams im Stil von: «Ab morgen sind sie ein agiles Team. Einen Chef brauchen sie ja dann auch nicht mehr, da sie ja wissen was zu tun ist.», ist zum Scheitern verurteilt. Vor allem die Einführung von Selbstorganisation bedarf der geführten Überführung in diese. Fehlen z. B. Orientierung und Klarheit über Ziele und Rollen, so existiert nur eine unzureichende Prozess- und Struktursicherheit. Das verunsicherte Team beginnt sich mit Führungs- und Organisationsfragen zu beschäftigen, anstelle sich um die Kunden und deren Anliegen zu kümmern (Schröder und Oestereich 2019, S. 45). Das Chaos ist perfekt und das Team fühlt sich eher in der Selbstüberlassung anstelle in der Selbstorganisation.

3.1.4 Führung durch Struktur

Laloux (2017, S. 63) weist darauf hin, dass bekannte Managementstrukturen und Praktiken aus herkömmlich hierarchischen Organisationen wie z. B. Budgets, Ziele, Investitionen, Entscheidungsfindung, Bezahlung, Kündigungen, Meetingstruktur, Konflikte, Projektmanagement, Krisenmanagement usw. auch in der Selbstorganisation ihre Gültigkeit haben. Jedoch werden sie anders organisiert und müssen daher in ihrer Form und Umsetzung erneuert werden.

All diese Strukturelemente beinhalten Führungsaufgaben und agilen Teams dienen diese der Stabilität, Orientierung und Klarheit. Die Mitarbeitenden arbeiten in definierten Rollen und nach definierten Prozessen. Nur so ist es möglich, die Arbeitsfähigkeit sicherzustellen, Entscheidungen zu treffen und Konflikte zu lösen. Leider wurden in der jüngsten Vergangenheit durch aufgetragene

Selbstorganisation Hierarchie und Struktur einfach abgeschafft, was wiederum zur bereits angesprochenen Selbstüberlassung der Teams führte. Agile Teams brauchen Struktur als Rückgrat ihrer Selbstorganisation, wollen sie arbeitsfähig sein und nicht im Durcheinander versinken (vgl. Laloux 2017, S. 62 f.).

3.2   Was Führung leistet

In selbstorganisierten Teams stellt sich oft die Frage, wer die Führungsaufgaben übernimmt. Ist es das Team selbst, welches im Gegenzug auf eine eigens eingerichtete Führungsrolle in persona verzichtet? Oder überträgt das Team die Führungsaufgaben auf mehrere Personen zur Koordination gruppeninterner und -externer Angelegenheiten (Moser 2017, S. 176)? Schlussendlich trifft das Team selbst die Entscheidung, wer welche Führungsaufgaben und damit verbundenen Kompetenzen übernimmt.

3.2.1   Vom Vorgesetzten zur Führungskraft

Fälschlicherweise werden häufig die beiden Begriffe VORGESETZTER und FÜHRUNGSKRAFT synonym verwendet, was suggeriert, dass sie dieselbe Bedeutung haben. Genauer betrachtet fusst die Rolle des Vorgesetzten auf der hierarchischen Grundlage der herkömmlichen Pyramidenorganisation. Der oder die Vorgesetzte ist hierarchisch betrachtet nichts anderes, als eine den untergebenen Personen vorgesetzte Person. Diese verfügt, wiederum aufgrund ihrer Positionsautorität und von oben legalisiert, über die Berechtigung und Kompetenz im Umgang mit den ihr Untergebenen (Moser 2017, S. 174).

Im agilen Team verschmelzen die Rollen der Vorgesetzten und Unterstellten im selben Personenkreis. Die bekannten Führungsaufgaben, wie z. B. Rekrutierung, Kündigung, Arbeitskoordination etc. bleiben jedoch bestehen und müssen von irgendjemandem wahrgenommen und ausgeführt werden. Dies wiederum übernehmen die Führungskräfte im Team. Der springende Punkt dabei ist, dass die Führungskräfte keine hierarchischen Vorgesetzten sind und dass ihnen ihre Führungskompetenz vom System, also vom Team, verliehen wird. Dabei kann es ganz im Sinne von Empowerment durchaus vorkommen, dass mehrere Mitglieder im Team mit Führungsaufgaben betraut werden und somit eine Rolle als Führungskraft einnehmen. Dies geschieht jedoch immer in Anbetracht des situativen Führungskontextes und nur so lange das auftragserteilende System mit der Ausführung der Führungsaufgabe zufrieden ist (vgl. Moser 2017, S. 179 f.).

3.2.2   Führung leistet Dienst am System

Ziele definieren, Vorgaben machen, Kontrolle ausüben, der Organisation eine Richtung geben, das sind einige Beispiele von Führungsaufgaben. Diese allein widerspiegeln jedoch nicht die Leistung von Führung. Leistung erzielt eine Wirkung bzw. ein Resultat. Sie ist spürbar und messbar, wenn auch nicht immer eindeutig zu beziffern. Im Kontext agiler Organisationsformen heisst das, dass Führung ausserdem auf das System einwirken muss. Nur so kann sich das Team im Sinne der Selbstorganisation auch weiter entwickeln. Dabei zielt die Führungsleistung auf folgende Aspekte ab (Gloger und Rösner 2017, S. 109):

- Rahmenbedingungen schaffen
- Menschen einladen, an Vorhaben mitzugestalten
- Menschen anleiten, z. B. im Rahmen von Projekten
- Menschen befähigen, damit sie ihr Potenzial ausschöpfen können

Die Aufgabe aller Führungskräfte besteht darin, im Sinne der Dienstleistung an den Mitarbeitenden Rahmenbedingungen zu schaffen, welche es dem Team ermöglichen, das bestmögliche Resultat für die Organisation zu erzielen (vgl. Häusling 2018, S. 75). Das heisst, **Führungskräfte dienen dem System** zur bestmöglichen Entfaltung dessen Leistungspotenzials. Dies wiederum wirkt sich positiv auf den inneren Zusammenhalt im Team aus. Leistung der Führung ist es also, dass sie sich stärkend auf den Zusammenhalt im Team auswirkt. Das Fördern von Teamentwicklungsprozessen zur Stärkung des Beziehungsgeflechts innerhalb des Teams ist eine weitere Aufgabe der Führung. Ist die Kohäsion, sprich der innere Zusammenhalt im Team hoch, so sind auch Arbeitsfähigkeit, Leistung und Effizienz höher (Moser 2017, S. 195).

In der Summe geht es bei Führung nicht nur um das WAS, also eine Antwort auf arbeitsorganisatorische, -prozessuale und -strukturelle Fragen zu geben, sondern auch um das WIE. Wie arbeitet das Team zusammen? Wie kann es sich weiterentwickeln? Wie löst es Konflikte? Wie hält es die Arbeitsfähigkeit aufrecht? Alles Fragen, welche auf die Art und Weise der Zusammenarbeit im Team abzielen. **Das Resultat der Führung ist demnach die Summe aus Arbeit auf der Sachebene – dem WAS – und Arbeit auf der Beziehungsebene – dem WIE.** In anderen Worten zusammengefasst, leistet Führung Dienst für das System, für das Team.

3.2.3   (Selbst-)Führung als Haltung

Selbstorganisation braucht Führung und jedes Mitglied im agilen Team ist Teil der Selbstorganisation im Team. Auch wenn nicht jedes Teammitglied konkrete Führungsaufgaben übernimmt, so ist es doch im Sinne der Kohärenz an der Führung des Teams beteiligt. Führung beginnt bei der Selbstführung und somit ist es Aufgabe eines jeden Individuums mit der Führung seiner selbst zu beginnen. Dabei zielt die sogenannte Selbstführung vor allem auf die innere Haltung des Teammitglieds ab. Besonders hilfreich für die persönliche Reflexion zur inneren Haltung ist gemäss Gloger und Rösner (2017, S. 109) die Leitfrage: «WARUM TUE ICH, WAS ICH TUE?». Vor allem Teammitglieder mit einer zugeteilten Führungsaufgabe werden sich dank derer ihrer Vorbildfunktionen intensiver bewusst. Schliesslich müssen sie davon ausgehen, dass ihre Teammitglieder sich an ihrem Verhalten und ihren Handlungen orientieren.

So übernehmen Haltung und Handlungen der Führungskräfte die Form eines Modellcharakters und dienen dem System zur Orientierung. Selbstführung verkörpert die Arbeit des Individuums mit sich selbst und an sich selbst und wirkt somit sowohl am, wie auch im System und schlussendlich für das System. Dafür ist die persönliche innere Haltung zur eigenen Führungsaufgabe von zentraler Bedeutung. Wenn Führung heisst Dienst am System zu leisten, so verlangt dies eine dienende Haltung der Führungskraft gegenüber dem System. Nur wenn die Führungskraft diese Haltung einnimmt und aus dieser heraus agiert, ist die Wirkung der Führungsaufgabe für das System unterstützend und stärkend.

3.3   Führung in agilen Teams

3.3.1   Attribute agiler Führung

Im Zusammenhang mit agilen Organisationen ist vermehrt von AGILER FÜHRUNG die Rede. Nur, was ist mit AGILER FÜHRUNG gemeint? Genau diese Frage wird in der jüngeren Literatur nicht einheitlich beantwortet. Und dennoch gibt es zwei wesentliche Merkmale welche AGILE FÜHRUNG massgeblich charakterisieren – **verteilte Führung** und **empowered Leadership** (Häusling 2018, S. 111). Beiden Merkmalen ist gemeinsam, dass sich die Führung per se nicht mehr an der Ausführung durch nur eine Person orientiert. Verteilte Führung entspricht dem Prinzip der kooperativen Führung. Ein Führungsmodell, bei welchem die Verantwortung wie auch die Macht aufgeteilt sind. Ähnlich verhält es sich mit der Ermächtigung des Teams, selbst Verantwortung zu übernehmen und Entscheidungen zu treffen, was dem Sinn von empowered leadership entspricht. Beide Merkmale sind weniger ein Modell, als vielmehr eine innere Haltung, wie die Führungskraft selbst die Ausübung ihrer Führungsaufgabe versteht. Handelt sie kooperativ, so wirkt sie im Sinne ihrer Vorbildfunktion kooperativ auf das Team. Dieses wiederum übernimmt diese Haltung und verinnerlicht sie im Sinne von kooperativen Handlungen tiefer ins Team.

Beck und Cowan (2017, S. 187) haben versucht, diese innere Führungshaltung mit Hilfe von Attributen zu beschreiben. Dabei bilden sie die sogenannte H-O-A-Triade bestehend aus den Attributen **Höflichkeit** (H), **Offenheit** (O) und **Autokratie** (A). Die Autoren nennen diese die Grundlage für wirkungsvolle Führung und zielen dabei auf einen Aufbau von positiven Beziehungen ab. Bemerkenswert ist vor allem das Attribut der Autokratie. Diesem Begriff haftet im herkömmlichen Führungskontext eher ein altmodisches Image an und wird allgemein nicht in den Zusammenhang mit Agilität gebracht. Die Autoren stützen sich jedoch auf der Graves'sche Begriffsdeutung ab, wonach Autokratie lediglich bedeutet, Führung und Verantwortung zu übernehmen. Dies wiederum steht im Einklang mit den Attributen der Selbstorganisation sowie der systemischen Definition des Teams. Ebenso spiegelt es sich in den agilen Führungsmodellen im nachfolgenden Kapitel wider. Demnach werden Führung und Verantwortung gemeinsam, abwechselnd oder geteilt wahrgenommen.

Aus den Attributen der H-O-A-Triade leiten Beck und Cowan sogenannte Führungsmerkmale ab. Diese wiederum können mit den oben genannten beiden Merkmalen agiler Führung nach Häusling verknüpft werden. So wird die innere Haltung als Schlüssel zur erfolgreichen Umsetzung von agiler Führung verdeutlicht. Nachfolgend sind in Abb. 3.1 drei Beispiele von Führungsmerkmalen abgebildet, welche mit den Merkmalen agiler Führungsmodelle verbunden sind.

3.3.2   Agile Führungsmodelle

Kollegiale Führung, shared leadership, teambasierte Führung, autonomiefördernde Führung usw. Diese Aufzählung könnte weiter fortgesetzt werden und

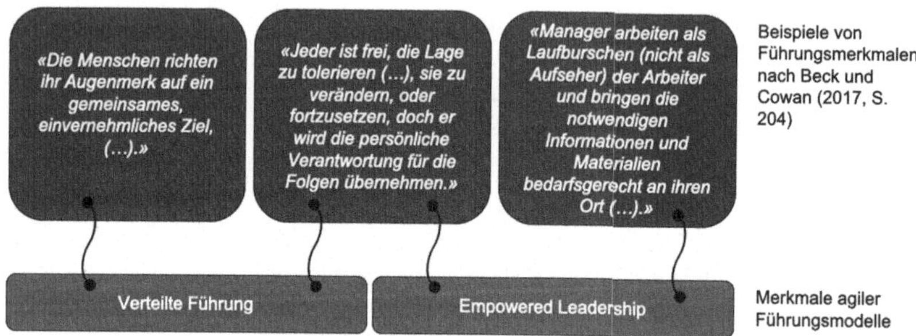

Abb. 3.1 Beispiele von Führungsmerkmalen verknüpft mit Merkmalen agiler Führungsmodelle

all diese Führungsmodelle erscheinen im Kontext agiler Organisationsformen. Doch worin unterscheiden sie sich im Wesentlichen? Sind die Modelle effektiv so vielfältig wie ihre Aufzählung es vermuten lässt? Und was sind die Konsequenzen daraus für das Team?

Zur Vereinfachung lohnt es sich, die Modelle zu kategorisieren und sich an wesentlichen Unterscheidungskriterien zu orientieren. Eine für die Praxis sinnvolle Aufteilung ist die Unterscheidung in den drei Modellkategorien – **kollektive Führung, rotierende Führung** und **geteilte Führung** (Moser 2017, S. 176). Im Wesentlichen unterscheiden sie sich wie folgt:

Kollektive Führung

Sie hat zum Ziel, die Autonomie im Team zu fördern. In diesem Modell überträgt sich das Team als Ganzes die Führungsrolle. Planungen, Zielvorgaben, Entscheidungen treffen, Koordination usw. werden durch das Team selbst wahrgenommen. Das Team führt sich defacto selbst (Moser 2017, S. 176). Die Autonomie des Teams wird durch die kollektive (Selbst)Führung gestärkt. Eigeninitiative und Eigenverantwortung werden gefördert und das Team befähigt sich, seine Freiräume zu nutzen (Kaudela-Baum und Altherr 2020, S. 135).

Die Herausforderung der autonomiefördernden Führung liegt darin, die Führungswirkung auf eine Zunahme der Autonomie und somit der Selbstorganisation des Teams auszurichten. Im Vergleich zu traditionellen Führungsmethoden, wo die Führungswirkung primär im Steuerungseinfluss ggü. des Teams liegt, geht es in der kollektiven Führung auch um Stärkung der Führungsfähigkeiten der Teammitglieder.

Rotierende Führung

Sie wirkt wie eine formelle Machtbremse. Mittels dieses Modells kann die Führungsaufgabe innerhalb des Teams oder auch der gesamten Organisation, ausgerichtet an den vorhandenen individuellen Fähigkeiten, von Person zu Person wechseln. Die Führungsstruktur wird am zu lösendem Problem ausgerichtet und dient nur solange als Machtquelle, solange das Problem nicht gelöst ist. In der Konsequenz bedeutet das, dass die Führungsaufgabe mit der Problemstellung wechselt. Dadurch entsteht ein dynamischer Führungswechsel. Dieses Rotationsprinzip verhindert nicht nur die Verkrustung im Sinne herkömmlicher Hierarchiestrukturen, sondern auch die formelle Festigung der Machtausübung durch die gleiche Führungsperson (Moser 2017, S. 177 f.).

Geteilte Führung

Sie zeichnet dadurch aus, dass die Führungsverantwortung flexibilisiert wird. Die Aufgaben der Führungskräfte werden zerlegt, auf die verschiedenen Rollen im Team verteilt und anschliessend den Personen, sprich den Rolleninhaberinnen, zugeordnet. Dabei erfolgen sowohl die Teilung als auch die Zuordnung der Aufgaben und Verantwortung dynamisch und situativ flexibel an die jeweils passende Person (Oestereich und Schröder 2017, S. 26 f.).

Zentrales Wesensmerkmal der geteilten Führung ist, dass mehrere Führungspersonen zeitgleich und gemeinsam auf ein kollektives Ziel hinwirken (Moser 2017, S. 179). Häufig wird dieses Modell auch KOLLEGIALE FÜHRUNG genannt. Beide Begriffsnennungen haben die gleiche Bedeutung und können durchaus synonym verwendet werden.

3.4 Zweites Zwischenfazit

Führung und Organisationsstruktur sind untrennbar miteinander verbunden und Selbstorganisation braucht Führung. Für agile Teams ist Führung notwendig, wollen sie ihre Arbeitsfähigkeit sicherstellen und ihre Entwicklung fördern. Zur Führung agiler Teams eignen sich agile Führungsmodelle wie bspw. kollektive oder rotierende Führung. Wesentlich an diesen ist, dass sie sich durch die Verkörperung der inneren Führungshaltung von herkömmlichen Führungsmodellen unterscheiden.

Eigenschaften wie Führung und Verantwortung übernehmen zu wollen, drücken sich in der inneren Haltung und nicht im Modell aus. Dabei begünstigen agile Führungsmodelle die Möglichkeit, eine solche innere Führungshaltung

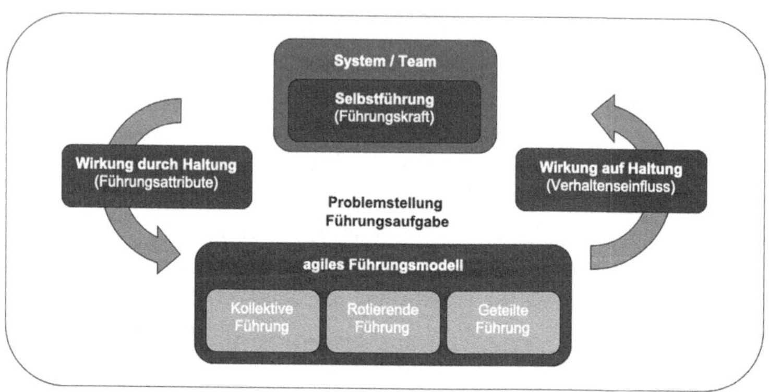

Abb. 3.2 Wirkungskreis von Führung als Systemdienst

einzunehmen. Voraussetzung für eine wirkungsvolle Umsetzung derer ist dabei die Selbstführung. Führung beginnt beim Individuum und gerade in agilen Teams ist diese von zentraler Bedeutung. Ist das Individuum in der Lage Selbstführung anzuwenden, so kann das Team als solches seine Führungsaufgabe wirkungs- voller im Sinne der Zielerfüllung wahrnehmen und ausüben.

Schlussendlich leistet Führung Dienst gegenüber dem System Sie gestaltet den Rahmen, in dem sich das Team bewegt und sorgt für die notwendigen Arbeitsbedingungen, in welchen das Team sein grösstmögliches Potenzial ent- falten kann.

Abb. 3.2 zeigt den Wirkungskreis von Führung als Systemdienst. Wie bei einem perpetuum mobile sind die Wirkungen der einzelnen Elemente aufeinander ständig in Bewegung und beeinflussen sich gegenseitig. Die innere Haltung der Führungskraft ist wegweisend für die Anwendung des ausgewählten Führungs- modells. Dies beeinflusst das Verhalten aller im Team und wirkt wiederum auf das gesamte Team samt seinen Führungskräften. Diese Wirkung beeinflusst die eigene Führungshaltung, welche wiederum die Anwendung der Führungsmodelle prägt, usw.

Selbststeuerung im agilen Team 4

4.1 Grundlagen der Selbststeuerung

4.1.1 Führen oder Steuern – Begriffsanwendung

Der Schiffskapitän steuert das Schiff, die Kapitänin führt das Fussballteam, die Polizistin leitet den Verkehr, der Chauffeur lenkt den Bus usw. Führen, Steuern, Lenken, Leiten sind nur eine kleine Auswahl an Begriffen, welche je nach Kontext synonym verwendet werden. Diese Aufzählung macht gleichzeitig deutlich, wie unterschiedlich das Verständnis von Führung und Steuerung sein kann.

Im Kontext von Organisationen und der damit verbundenen Führung von Menschen und Teams, handelt es sich bei Führung um eine legitimierte Beeinflussung anderer. Die Beeinflussten, also die Menschen im Team, handeln und verhalten sich entsprechend der Einflussnahme auf sie in Form von Aufgabenverteilung, Zielvorgaben oder Kontrolle. Eine solche Verhaltensbeeinflussung kann jedoch nur dann als Führung bezeichnet werden, wenn die Aufgabenerfüllung und die Zielerreichung der Organisation in das Zentrum des Handelns rücken und frei von eigennützigem Interesse sind (Moser 2017, S. 171).

Im weiteren Verlauf werden beide Begriffe – Führen und Steuern – im Sinne der Verhaltensbeeinflussung anderer, synonym angewendet. Im Vordergrund steht die erzielte Wirkung bei den Beeinflussten. Jede Form von Führung und demzufolge auch von Steuerung erzielt eine Wirkung auf das Verhalten der Beeinflussten.

4.1.2 (Selbst-)Steuerung im und am System

Wie bereits im vorangegangenen Kapitel ausgeführt, leistet Führung Dienst für das System. Der sogenannte Systemdienst beinhaltet die Summe aus WAS und WIE der Führungsarbeit. Konkreter und ausführlicher unterscheiden Edding und Schattenhofer (2015, S. 76) zwischen dem WAS und WIE in Form von Steuerung erster und zweiter Ordnung. Weiterführend kann man diese Steuerungsordnungen auch als Führungsebenen betrachten (vgl. Oestereich und Schröder 2017, S. 218 f.).

Steuerung erster Ordnung beinhalt demnach alle Führungsaktivitäten, welche dafür sorgen, dass das operative Geschäft erledigt werden kann. Sie deckt den Teil des WAS der Führungsaufgabe ab. Die Funktionalität des Teams steht im Vordergrund. In anderen Worten, **Steuerung erster Ordnung ist die zweckbezogene Steuerung und kann als Arbeit im System verstanden werden** (Geramanis 2013, S. 52; Oestereich und Schröder 2017, S. 218 f.). Dabei werden u. a. folgende Fragen beantwortet:

- Was ist zu tun?
- Was machen wir?
- Bis wann machen wir es?
- Mit wem machen wir es?
- usw.

Steuerung zweiter Ordnung widmet sich den Rahmenbedingungen, welche für die Handlungs fähigkeit des Teams und das Gelingen von Teamarbeit erfüllt sein müssen. Sie wiederum deckt den Teil des WIE der Führungsaufgabe ab mit Fokus auf die Handlungsfähigkeit und das Überleben des Teams. In anderen Worten, **Steuerung zweiter Ordnung ist die selbstzweckbezogene Steuerung und kann als Arbeit am System verstanden werden** (Geramanis 2013, S. 52; Oestereich und Schröder 2017, S. 218 f.). Dabei werden folgende Themenfelder bearbeitet:

- Ausreichende Ressourcen (Zeit, Material, Personen)
- Anpassung und Entwicklung des Teams
- Fachlicher Austausch und kollegiale Beratung
- Regelmässige Reflexion
- usw.

Somit handelt es sich bei den Team-Steuerungsprozessen wie z. B. Teamarbeit, Teampflege und Teamentwicklung um Führungsaufgaben zweiter Ordnung

(Edding und Schattenhofer 2015, S. 76 f.). Ziel des agilen Teams muss demnach sein, **die Arbeit am System in Form der Prozesssteuerung zur Eigenentwicklung so autonom wie möglich zu gestalten und umzusetzen** (vgl. Oestereich und Schröder 2017, S. 218 f.).

4.1.3 Selbststeuerung – Steuerung innerhalb des Teams

Wie in Abschn. 3.3.2 beschrieben, können die Führungsaufgaben mithilfe agiler Führungsmodelle auf mehrere Teammitglieder verteilt werden. Aufgabe dieser Teamführung ist es, durch ihre Handlungen die Teamarbeit so zu beeinflussen, dass die gemeinsamen Ziele erreicht sowie die Selbstorganisation im Team und die Teamentwicklung gefördert werden (Edding und Schattenhofer 2015, S. 75 f.). Ein zentraler Unterschied von der Teamführung in agilen Teams gegenüber herkömmlich geführten Teams besteht darin, dass die Teamführung Bestandteil des Teams ist. Dadurch ist sie wesentlich stärker im Teamgeschehen eingebunden. Dies ermöglicht ihr eine höhere Selbstwirksamkeit in der Selbststeuerung des gesamten Teams, da die Steuerung innerhalb des Teams stattfindet. Steuerung innerhalb des Teams bedeutet, dass Steuerung erster und zweiter Ordnung durch das Team selbst übernommen werden.

4.1.4 Fremdsteuerung – Steuerung von ausserhalb des Teams

Steuerung von ausserhalb des Teams kennzeichnet sich durch Elemente und Faktoren, welche ausserhalb des Teams entstehen und die Handlungen des Teams mit beeinflussen. Dies kann beispielsweise durch Steuerungssysteme oder Gremien im Unternehmen stattfinden wie z. B. Informations-, Monitorings- oder Reportingsysteme, Geschäftsberichte sowie Grundlagen zum Entscheidungs- und Eskalationsbedarf oder auch Kennzahlen (Ramsauer et al. 2017, S. 247). Hinzu kommen bekannte Beeinflussungselemente wie Unternehmensstrategie, Vision, Leitbild, Organisationsstruktur, Büroräumlichkeiten, Gesetze, Regulatorien, Marktgegebenheiten usw. Ein besonders starker Einfluss von aussen bewirkt der arbeitstechnische und organisatorische Kontext in welchem das Team eingebettet ist. Diese kontextualen Bedingungen beeinflussen die sich entwickelnde Teamordnung. Demnach ist jegliche Entwicklung eines Teams von aussen nach innen zu betrachten und ohne Untersuchen des Kontextes nicht ganzheitlich möglich (Edding und Schattenhofer 2015, S. 30 f.).

Wie bereits ausgeführt, ist es Aufgabe der Teamführung, die Selbstorganisation im Team zu fördern und den Kontext so zu gestalten, dass Teamarbeit bestmöglich stattfinden kann (Ferrari 2013, S. 98). Das heisst, dass die auf das Team wirkenden Dynamiken der Fremdsteuerung in der Selbststeuerung des Teams mit zu berücksichtigen sind. Wirken Elemente auf das Team schwächend, so sind Interventionen im Sinne der Systemstärkung nötig.

4.1.5 Überblick über die Steuerungsimpulse im agilen Team

Selbststeuerung und Fremdsteuerung wirken wie Steuerungsimpulse auf das agile Team ein. Doch was hat nun konkret welchen Einfluss auf die Selbststeuerung des Teams und wo genau findet Arbeit am System statt? Überblick verschafft hierbei das sogenannte Stadion der Steuerungsimpulse in nachfolgender Abb. 4.1. Darin werden die einzelnen Steuerungsimpulse, welche auf das Team einwirken

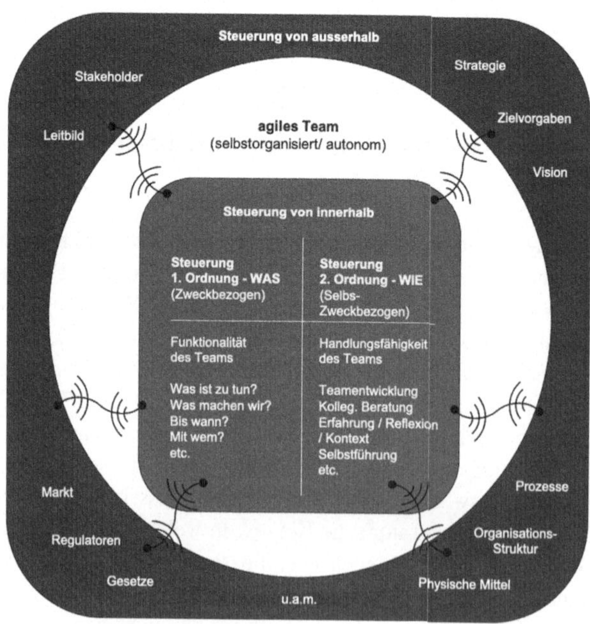

Abb. 4.1 Stadion der Steuerungsimpulse

abgebildet. Die Grafik zeigt eine schematische Übersicht über die Führungsebenen und verortet wo Selbststeuerung aus Sicht des agilen Teams schlussendlich stattfindet.

In der Mitte des Stadions, sozusagen auf dem Aktionsfeld, steht das agile
Team mit seinen Teammitgliedern. Ausserhalb des Teams befinden sich die
auf das Team einflussnehmenden Faktoren und Elemente der Fremdsteuerung.
Im Team selbst, ist die Steuerung von innerhalb des Teams abgebildet, die
sogenannte Selbststeuerung. Diese wiederum ist aufgeteilt in die Steuerung erster
und zweiter Ordnung, in die Arbeit im und am System. Die Wellen markieren
einerseits die Wirkung der Fremdsteuerung von aussen nach innen. Andererseits markieren sie aber auch die Wirkung von innen nach aussen. Diese können
durch Interventionen von innerhalb des Teams entstehen, wenn sie die äusseren
Rahmenbedingungen tangieren und Veränderungen dieser beeinflussen.

Zusätzlich kann das Stadion der Steuerungsimpulse dem agilen Team als
Orientierungswerkzeug im Eigenentwicklungsprozess dienen. Durch die Ver-
ortung der einzelnen Steuerungsimpulse, kann das Team sich rasch einen Überblick darüber verschaffen, von wo die Veränderungen aufs Team her einwirken.
Dies erleichtert dem Team die Gestaltung und Planung von Interventionen zur
Eigenentwicklung. Ausserdem sieht es auf einen Blick, wo Wechselwirkungen
auftreten und kann diese in den Interventionen und somit im Entwicklungsprozess mitberücksichtigen.

4.2 Notwendige Selbststeuerung

4.2.1 Lösungen aus sich heraus entwickeln

Die im Team auftretenden Problem- und Fragestellungen sind meist komplex.
Die unterschiedlichsten Faktoren und allfällige Konsequenzen müssen in
deren Lösung mitberücksichtigt werden. Hinzu kommt, dass häufig nicht nur
das problemlösende Team von den Auswirkungen der Lösung betroffen ist,
sondern umliegende Teams oder gar die gesamte Organisation. Vielfach kommt
erschwerend dazu, dass die Beschleunigung der Arbeitsprozesse durch technische
Hilfs- und Einsatzmittel dazu führt, das für die Problemlösungsfindung nur wenig
Zeit zur Verfügung steht. Dies alles erfordert eine neue Art des Denkens in Form
neuer Herangehensweisen, um komplexe Probleme innert Kürze lösen zu können.
Beck und Cowan (2017, S. 44) formulieren es so: «DIE PROBLEME, DIE IM 21.
JAHRHUNDERT AUFTAUCHEN, KÖNNEN NUR DURCH LÖSUNGEN ANGEGANGEN WERDEN, DIE
SIE AUS SICH SELBST HERAUS ENTWICKELN.».

Für die Eigenentwicklung agiler Teams heisst das, dass **komplexe Probleme innerhalb des Teams, nur durch das Team selbst gelöst werden können.** Wollen Teams vermehrt in agilen Arbeitsformen zusammenarbeiten, so ist es notwendig Selbststeuerung praktizieren zu können. Nur so kann die Lösungs-findung für eine effizientere und wirkungsvollere Zusammenarbeit aus sich selbst heraus entwickelt werden. Schlussendlich führen Lösungen zu Handlungen und durch Handlungen wird gesteuert. Genau das bedeutet schlussendlich (Selbst-) Steuerung der zweiten Ordnung. Das Team arbeitet an sich selbst, am System. Ausserdem, wer sonst ausser dem Team selbst kann am besten beurteilen, welche Lösungen für sich und seine Mitglieder die am besten geeignetste ist?

4.2.2 Ohne Selbststeuerung keine Autonomie

Bereits bekannt ist, dass selbstorganisierte Teams über einen mehr oder weniger stark ausgeprägten Reifegrad an Autonomie verfügen. Will nun das agile Team seinen Reifegrad an Selbstorganisation (weiter)entwickeln, so muss es Methoden der Selbststeuerung anwenden, um den Entwicklungsprozess von innen heraus zu ermöglichen. Nur so ist es in der Lage, seine Strukturen selbstständig aufzubauen und zu entwickeln (vgl. Gloger und Rösner 2017, S. 101). Die Entwicklung selbst wiederum, findet dann durch die Operationalisierung der gemeinsam definierten Interventionen statt.

Was passiert jedoch mit dem agilen Team, wenn es sich der Selbststeuerung nicht bedient? In der Folge kann es dann seine Strukturen nicht selbst aufbauen. Das heisst, dass keine Weiterentwicklung der Autonomie stattfindet und sich diese im schlimmsten Fall sogar degenerativ verhält, bis zu deren Verlust. In der Konsequenz bedeutet das, dass sich agile Teams der Selbststeuerung annehmen müssen, wollen sie ihre Autonomie bzw. Selbstorganisation aufrechterhalten und weiterentwickeln.

4.3 Methoden der Selbststeuerung

4.3.1 Schleifenmodell

Wie kann das agile Team Selbststeuerung für sich sinnvoll anwenden? An welchem Vorgehen kann es sich dabei grundsätzlich orientieren? Ein mögliches geeignetes Modell dafür ist das Schleifenmodell nach Schmidt (vgl. Schattenhofer 1992, S. 63 f.). Dieses besteht aus den drei Phasen **(neu)Orientieren, Arbeiten** und **Rückkoppeln** und ermöglicht es dem Team sich auf das **Sich-Orientieren, Handeln** und **Reflektieren** zu konzentrieren.

In der ersten Phase, das Orientieren, geht es um die Rückschau auf die Zusammenarbeit eines bestimmten Ereignisses (z. B. Projektteamsitzung). Augenmerk wird hierbei auf das WIE der Zusammenarbeit gelegt. Resultat der Rückschau kann sein, dass das Team zum Schluss kommt Korrekturen in der Zusammenarbeit vorzunehmen. Setzt es diese Interventionen um, so befindet es sich bereits in der zweiten Phase, das Arbeiten. Das Team handelt nun verändert aufgrund der beschlossenen Korrekturen aus Phase eins. Um den Prozess abschliessen zu können und Erfolg oder Misserfolg der Interventionen zu beurteilen, reflektiert das Team in Phase drei seine neu erfahrene Zusammenarbeit. In der sogenannten Rückkoppelung reflektiert das Team die Wirkung seiner Intervention. Hierbei geht es darum durch Beobachtung festzustellen, ob sich die Interventionen auf das System stärkend oder schwächend ausgewirkt haben. Dieser Prozess der Selbststeuerung wird nach jeder Intervention neu gestartet.

Der Ablauf und jeder Übergang der drei Phasen muss gesteuert werden. Weiter braucht es eine Auseinandersetzung darüber, wie mit Prozessstörungen umgegangen werden soll, wenn die Selbststeuerung einmal nicht funktioniert (Schattenhofer 1992, S. 63 f.). Diese Vereinbarungen wiederum werden durch das agile Team selbst aufgestellt und liegen auch in dessen Verantwortung (Ferrari 2013, S. 33).

4.3.2 Methoden im Überblick

Die nachfolgend aufgeführten Beispiele von Methoden orientieren sich allesamt an den drei Phasen des Schleifenmodells. Die Auflistung der Methoden ist ein Überblick und dient dem besseren Verständnis darüber, wie Selbststeuerung im Sinne der Eigenentwicklung des agilen Teams angewendet werden kann. Für die konkrete Durchführung der einzelnen Methoden, wird die jeweils detaillierte Methodenbeschreibung empfohlen.

Team-Reflexion

«AUS DEN GEMACHTEN ERFAHRUNGEN SELBST LERNEN UND KLUG WERDEN.» (Edding und Schattenhofer 2015, S. 109), so kann man das Ziel der Reflexion beschreiben. Dabei steht die Arbeitsfähigkeit des Teams im Zentrum. Reflexion setzt sich mit der Zusammenarbeit des Teams auf der Sach- und Beziehungsebene auseinander (König und Schattenhofer 2015: 18 f.). Gleichzeitig wird sie auch als Basis zur

Selbststeuerung verstanden und dient der bewussten Auseinandersetzung mit dem eigenen Handeln. Gerade die Teamreflexion nutzt der gemeinsamen Beobachtung und Einschätzung der Handlungen in der Zusammenarbeit miteinander (vgl. Königswieser 2008, S. 69 f.). Der Gewinn für die Entwicklung des Teams liegt in der regelmässigen Auseinandersetzung auf der sogenannten Metaebene. Wie im Schlaufenmodell vorgesehen, ermöglicht genau das die Entwicklung im Team und fördert qualitatives Wachstum im System.

Retrospektive

Zur Förderung der Autonomie dienen sogenannte Retrospektiven. Mittels regelmässigen Rückblicks schaut das Team auf seine vergangene Arbeitsperiode zurück und bewertet diese. Als Folge daraus bestimmt das Team eigenverantwortlich Massnahmen, welche die Effektivität des Teams erhöhen (Kaudela-Baum und Altherr 2020, S. 135). Der Entwicklungsprozess des Teams in Bezug auf die zu verrichtende Arbeit bzw. das Teamziel werden gefördert. Ohne Beihilfe von aussen, kann das Team so sich selbst im Entwicklungsprozess steuern. Dieses Vorgehen ist in agilen Arbeitsmethoden wie z. B. Scrum als Prozessbestandteil integriert. Trotzdem kann die Methode der Retrospektive auch losgelöst von Scrum angewendet werden, da der Selbststeuerungsprozess exakt die drei Phasen des Schleifenmodells umfasst. Der Gewinn für das Team liegt auch hier in der regelmässigen Anwendung der Methode.

Feedback

Ähnlich wie bei der Team-Reflexion verhält es sich auch mit dem Feedback. Beim Feedback geht es um den Austausch von Beobachtungen von Situationen und das Wiedergeben von Wahrnehmungen (vgl. König und Schattenhofer 2015, S. 83 f.). Dabei ist die Wahrnehmung immer subjektiv. Das heisst, das Feedback ist durch die eigene Wahrnehmung gefärbt. Und dennoch ist es gerade im Gruppenprozess entscheidend, ein gemeinsames Wahrnehmungsbild zu erlangen, um den Team-Entwicklungsprozess voranzutreiben (vgl. ebd.). Feedback kann auch ein Bestandteil anderer Methoden der Selbststeuerung sein. So kann es z. B. Teil der Team-Reflexion oder der Retrospektive sein. Auch beim Feedback geht es um das WIE der Zusammenarbeit und deren Entwicklung mit Hilfe von Handlungskorrekturen abgeleitet aus dem Resultat des Feedbacks.

Kollegiales Coaching

Kollegiales Coaching, kollegiale Beratung oder auch Intervision genannt, zeichnen sich dadurch aus, dass sie im Gegensatz zur Supervision ohne Begleitung von aussen auskommen. Ziel und Zweck von Intervisionen sind beispielsweise die Verbesserung von Arbeitssituationen, -organisationen, oder der Arbeitsatmosphäre. Zusammengefasst geht es um die Entwicklung der Handlungen, Rollengestaltung und die Bewältigung von Belastungen oder Spannungen (Lippmann 2013, S. 10 ff.). Weiter führt der Autor aus, dass dadurch die Verstehens- und Lernprozesse gefördert werden. Das damit verbundene Entwickeln oder Erkennen neuer Handlungsmöglichkeiten bieten dem Team Raum zur Entfaltung und Selbstgestaltung. Intervision wird als sinnvolles Instrument zur Gestaltung von Entwicklungsprozessen gesehen (ebd.).

4.4   Drittes Zwischenfazit

In der Arbeit am System, sprich in der Arbeit an sich selbst, findet das agile Team den Zugang zur Selbststeuerung. Es geht um die Steuerung von innerhalb des Teams heraus. Dabei stellt sich das Team immer wieder die Frage des WIE. Im Mittelpunkt steht die Weiterentwicklung des agilen Teams, im Sinne der Stärkung der Arbeitsfähigkeit und Förderung der Autonomie.

Zur Bearbeitung und Beantwortung des WIE's, bedient sich das Team an Methoden, welche als selbstreflexive Rückkoppelungsprozesse funktionieren. Im Kern bestehen diese Prozesse aus den drei Schritten Orientieren, Handeln und Reflektieren. Diese Schritte ermöglichen dem Team gemeinsam, eigene Hindernisse in der Zusammenarbeit zu erkennen, zu thematisieren, Korrekturen einzuleiten, diese anzuwenden, aus den gesammelten Erfahrungen zu lernen und deren Wirkung auf sich selbst – Individuum und Team – wahrzunehmen. Ist die Wirkung stärkend, baut es darauf auf. Ist die Wirkung schwächend, korrigiert es aus sich selbst heraus, bis die Wirkung für das Team als stärkend empfunden wird.

So oder so, ob stärkende oder schwächende Wirkung, befindet sich das agile Team in Mitten der eigenen Teamentwicklung. Situativ und individuell mit der für sich und zur Situation passenden Methode. Schlüssel für den Erfolg der Anwendung dieser Methoden, ist die persönliche **evolutionäre Haltung** gegenüber diesen. Das heisst, der eigene Wille sich als Individuum und Team ständig weiterentwickeln zu wollen und diesen wiederkehrenden Prozess auch bei temporärem Misserfolg konsequent fortzuführen. Entwicklung hat kein Ende, sondern ist ein ständig fortführender Prozess.

Kompetenzen und Fähigkeiten zur Eigenentwicklung   5

Wie bereits ausgefüllt, unterscheiden sich agile Organisationsmodelle von herkömmlichen nicht nur durch ihren strukturellen Aufbau, sondern auch durch die Anwendung agiler Führungsmodelle und Methoden zur Selbststeuerung. Um diese wiederum in Form von selbstreflexiven Rückkoppelungsprozessen überhaupt anwenden zu können, muss das agile Team über die entsprechenden Fähigkeiten und Kompetenzen verfügen. Nur so ist es in der Lage, selbstgesteuerte Eigenentwicklung zur Autonomieförderung zu betreiben.

Nachfolgend werden Schlüsselfähigkeiten und -kompetenzen beschrieben, über welche das agile Team verfügen muss, um Arbeit am System selbstgesteuert zu ermöglichen. Es handelt sich dabei um Fähigkeiten, welche im agilen Team als Summe und nicht zwingend bei jedem Teammitglied vorhanden sein sollten. Und genau hierin liegt ein wesentlicher Unterschied zu herkömmlichen Organisationsmodellen. In diesen wirkt die Steuerung meist von ausserhalb aufs Team ein. Daher muss das Team auch nicht zwingend über die angesprochenen Schlüsselfähigkeiten verfügen. Dies fördert nicht nur keinen Selbststeuerungsprozess im Team, sondern auch keine kollegiale Übernahme von Verantwortung oder Führungsaufgaben im Team.

Jede unten aufgeführte Schlüsselfähigkeit und -kompetenz ist um ein Praxisbeispiel ergänzt. Dieses wiederum referenziert auf eine der drei Phasen der Selbststeuerung aus dem Schleifenmodell (Orientieren, Handeln, Reflektieren). Dadurch wird der Nutzen jeder einzelnen Fähigkeit und Kompetenz für die wirksame Anwendung der Methoden zur Selbststeuerung erkennbarer. Allein schon diese Verknüpfungen können einem agilen Team helfen zu erkennen, welche Schlüsselfähigkeiten bzw. -kompetenzen im Team auszubauen sind.

T. Seeger, *Das agile Team steuert sich selbst, essentials,*
https://doi.org/10.1007/978-3-658-31171-1_5

5.1 Schlüsselfähigkeiten und -kompetenzen zur Eigenentwicklung des Teams

5.1.1 Systemverständnis

Damit Selbststeuerung vom Team als Selbstverständnis empfunden und gelebt werden kann, braucht es ein umfassendes Systemverständnis, wonach das Team sich als autonomes, soziales System versteht. Tut es dies, so konzipiert es die Steuerung des Entwicklungsprozesses als Selbststeuerung, als Reflexionsprozess für sich selbst (König und Schattenhofer 2015, S. 19 f.). Das Team besteht sogleich aus Beobachter und Beobachtete und macht seine Beobachtungen in Form von Feedback zum Thema. So erlangt das Team die notwendige **Orientierung für den Entwicklungsprozess.** Das ist die erste Phase der Selbststeuerung und bildet die Grundlage für den weiteren Verlauf der Teamentwicklung aus dem Inneren des Teams heraus.

Weiter kann Teamentwicklung nur in einem Team erfolgen, welches bereits existiert und nicht erst im Begriff ist zu entstehen. Entwicklung setzt Existenz voraus. Für die Existenz eines Teams benötigt es einen Entstehungsgrund, wieso dieses Team überhaupt existiert. Es braucht einen Sinn, einen Zweck, eine Aufgabe (vgl. Ferrari 2013: 96 f.). Demzufolge zielt Beobachtung und Reflexion immer auf den Entstehungsgrund, bzw. auf den Sinn und Zweck des Teams ab, damit es nicht der Weiterentwicklung zum Selbstzweck verfällt.

Systemverständnis als Fähigkeit sich zu Orientieren (Klarheit)

Nach einem halbtägigen Designworkshop kommt das Produktentwicklungsteam zu einer Retrospektive zusammen. Auf die Frage, wie der Workshop als Arbeitsprozess von den einzelnen Mitgliedern empfunden wurde, geht es nun darum, die persönlichen Beobachtungen aus dem Workshop im Kontext der Aufgabenstellung, des Ziels und des Wofürs (wozu existiert unser Team) wahrzunehmen. Das heisst, Beobachtungen der Zusammenarbeit während des Workshops, welche der Produktentwicklung dienlich sind, sind von Bedeutung. Im vorliegenden Beispiel könnten die Beobachtungen bspw. folgende sein: «AUF DIE WÄHREND DES WORKSHOPS VON PERSON A GENANNTEN KUNDENBEDÜRFNISSE WIRD VON DEN KOLLEGEN DER ABTEILUNG B WÄHREND DES WORKSHOPS NICHT EINGEGANGEN.». Dese Beobachtung kann Anstoss dafür sein, dass das Team Korrekturen in der Zusammenarbeit für Workshops vornimmt, welche Klarheit über den Umgang mit Meldungen von Kundenbedürfnissen schafft. Dabei geht es nicht um die Integration von Kundenbedürfnissen in der Produktentwicklung als solches, sondern darum, wie und wann das Team mit den Meldungen zu Kundenbedürfnissen umgeht. Klarheit erlangen führt zu weniger Irritationen im Arbeitsprozess, was wiederum die Arbeitsfähigkeit des Teams fördert und die Effektivität dessen steigert. Weniger von Bedeutung sind dagegen persönliche Beobachtungen, welche nicht im Kontext zur Aufgabenstellung stehen. Dies könnte z. B. sein: «PERSON A PARKIERT SEIN AUTO IMMER AM OBEREN ENDE DES FIRMENPARKPLATZES.». ◀

5.1.2 Systemisches Denken

Systemisches Denken und Handeln bedeutet, die Realität umfassender zu betrachten und in ihrer ganzen Vernetzung zu reflektieren, abzubilden und zu beeinflussen (Gloger und Rösner 2017, S. 21 f.). Gerade in der Führung ist das Systemdenken essenziell. Es ist für die Entwicklung des Teams entscheidend, ob die Führungskraft bei Problemstellungen wie z. B. Konflikten im Team eine systemische Sicht einnimmt und so nach den Symptomen und deren möglichen Auslösern forscht, oder das Problem individualisiert und lediglich einen Schuldigen für das Problem sucht, so die Autoren weiter. Die eigene systemische Sicht und Haltung helfen zu akzeptieren, dass komplexe Probleme sich nicht lösen lassen, indem man die Aufmerksamkeit nur auf ein Element legt (ebd.). Vor allem in der Entwicklung von Teams ist diese Sicht notwendig, **öffnet sie doch damit ein breites Repertoire an Handlungsmöglichkeiten zur Gestaltung der Selbststeuerung.**

Systemisches Denken als Fähigkeit zu Handeln (Verantwortung)

In einer Team-Reflexion nach der wöchentlichen Teamsitzung wurde ein Konflikt zwischen Person A und den Personen B, C sowie der Abteilung D angesprochen. Systemisches Denken heisst nun, dass die ganze Konfliktsituation z. B. mithilfe einer Visualisierung abgebildet wird, samt denen zur Konfliktlandschaft dazugehörenden Beeinflussern und Auswirkungsempfängern (Empfänger der Konsequenzen des Konfliktes). Dabei ist jeder einzelne Konflikt, also zwischen Konfliktpartei A und B, A und C usw. abzubilden. Dank dessen können nun die einzelnen Konfliktsituationen eingestuft und dahin gehend beurteilt werden, wie konfliktiv bzw. eskaliert sich die Situation präsentiert. Allein dieser Schritt eröffnet dem Team zahlreiche Möglichkeiten die komplexe Situation der multiplen Konfliktbeziehungen von Person A zu bearbeiten. Somit können anschliessend Massnahmen zur Lösung aller einzelnen konfliktiven Beziehungen definiert werden. Die Bearbeitung der gesamten Konfliktsituation liegt demzufolge in der gemeinsamen Verantwortungsübernahme. Im Gegesatz dazu wäre es beim genannten Beispiel wahrscheinlich naheliegend das Problem ausschliesslich bei Person A zu verorten. Als Schlussfolgerung wäre eine vermeintliche Lösung auch nur dort zu finden. Diese Komplexitätsleugnende Herangehensweise hat nichts mit systemischem Denken zu tun und führt oft zu simplifizierten, aber nicht nachhaltigen Lösungen ◀

Übrigens, im vorliegenden Beispiel geht es lediglich um die Festlegung von Massnahmen zur Konfliktbearbeitung und nicht um die Konfliktlösung selbst. Das kann, angelehnt z. B. in Form von Selbstlösung, Moderation oder Mediation, Vieles sein (vgl. Glasl 1990, S. 218 f.).

5.1.3　Metakommunikation

Im vorliegenden Kontext ist Metakommunikation die Kommunikation im Team über die Kommunikation des Teams. Besitzt ein Team die Fähigkeit, über seine Kommunikations(-prozesse) zu kommunizieren, so ist es in der Lage die eigenen Prozesse zu reflektieren. **Das Team reflektiert dann gemeinsam über den erlebten Umgang miteinander,** die Wirkungen von Äusserungen zueinander sowie über Interpretationen und Reaktionen aufgrund der Kommunikation im Team (Schulz von Thun et al. 2017, S. 147.). Konkret heisst das, dass sich das Team an den individuellen Wahrnehmungen der Wirkung jeglicher Kommunikation in allen Arbeitsprozessen bedient. Angesprochen sind alle Arbeitsprozesse, welche die Zusammenarbeit im Hinblick auf das gemeinsame Ziel und den Arbeitsauftrag beeinflussen. Es geht um die Fähigkeit, sich auf die für das System stärkende oder schwächende Wirkung der Arbeitsprozesse einzulassen und zu konzentrieren. Es geht dabei nicht um die Kommunikation auszuführender Tätigkeiten oder anderer funktionaler Aspekte wie z. B.: «Wer macht was bis wann?» etc. Das geschieht i. d. R. fortlaufend während der Arbeitsverrichtung und zielt auf das WAS der Zusammenarbeit ab.

> **Metakommunikation als Fähigkeit zu Reflektieren (Vertrauen)**

Zum Einstieg in das tägliche einstündige Taskforce Meeting kommt zur Sprache, dass die jeweils am Anschluss an das Meeting aufgenommenen informellen Diskussionen über die im Meeting beschlossenen Massnahmen, zu Verunsicherung in der Umsetzung derer führen. Das Team erhält durch Metakommunikation die Möglichkeit, die Situation zu klären. Dabei helfen

z. B. Leitfragen wie: «WELCHES BEDÜRFNIS IST IM MEETING NICHT ERFÜLLT, DASS ES ZU FORTFÜHRENDEN DISKUSSIONEN KOMMT?», oder «WIE GEHEN WIR MIT DEN IM MEETING ENTSTEHENDEN UNKLARHEITEN TROTZ DES GROSSEN ZEITDRUCKS UM?» usw. Dank Metakommunikation werden Irritationen oder Störungen im System ansprechbar und das Miteinander im Team gefördert. Im vorliegenden Beispiel können nun wiederum Interventionen beschlossen werden, welche es dem Team erlauben, die Verunsicherungen der Teilnehmenden zu minimieren und das Vertrauen zueinander zu stärken. Dies wiederum führt zu einer besseren Arbeitsfähigkeit und höheren Arbeitsleistung des Teams. ◀

Metakommunikation erlaubt nicht nur das Ansprechen von Irritationen, sondern auch den Austausch über die Wirkung eingeleiteter Interventionen zur Stärkung der Zusammenarbeit. Sie bildet einerseits den Grundstein zur Reflexion und anderseits auch den Abschluss des Selbststeuerungsprozesses gemäss dem Schleifenmodell.

5.2   Fähigkeiten und Kompetenzen entwickeln

Systemverständnis, Systemisches Denken und Metakommunikation. Wie kann sich ein Individuum oder ein Team diese Fähigkeiten und Kompetenzen aneignen bzw. entwickeln? Auf die dafür nötige innere Haltung, der Wille sich in diesen Kompetenzen zu entwickeln, wurde bereits im Kapitel der Selbstführung eingegangen. Ist diese vorhanden, so kann ergänzend dazu die persönliche Auseinandersetzung über den individuellen Zugang zum wirkungsvollen Lernen helfen. Eine Möglichkeit hierfür bieten die nachfolgend aufgeführten vier Lernstile nach Kolb (Kolb und Kolb 2011, S. 8 f.):

- Konkrete Erfahrungen, konkretes Erlernen
- Reflektierendes Beobachten
- Abstrakte Konzeptbildung, Theoriebildung
- Aktives Experimentieren

Die Lernstile verdeutlichen, dass nicht alle Menschen gleich effektiv mit der gleichen Methode lernen bzw. ihre Kompetenzen entwickeln. So gibt es Menschen, denen es einfacher fällt über die gesammelten Erfahrungen zu lernen, da die reine Theorievermittlung zu abstrakt erscheint. Anderen wiederum bereitet es mehr Mühe zu experimentieren. Diese entwickeln ihre Fähigkeiten leichter über reflektierendes Beobachten. So oder ähnlich verhält es sich in jedem Team. Jedes Teammitglied verfügt über einen bevorzugten Zugang zum Lernen, was nicht heisst, das andere Methoden nicht funktionieren. Ganz im Gegenteil, häufig ist gerade in Teams die Kombination von Lernmethoden eine erfolgreiche Entwicklungsstrategie, da so mehrere Lerntypen gleichzeitig angesprochen werden.

Mit Bezug auf die vorher beschriebenen Schlüsselfähigkeiten, sind nachfolgend einige Beispiele aufgeführt, welche sich in der Praxis für die Aneignung und Entwicklung dieser Kompetenzen bewährt haben. Der Einsatz der nachfolgenden Methoden, Werkzeuge und Herangehensweisen dient lediglich der Unterstützung des Lernprozesses. Sie ersetzen keinen Entwicklungsprozess und auch keine zu entwickelnden Fähigkeiten oder Kompetenzen. Vielmehr geht es darum, Lernoptionen aufzuzeigen und die individuelle Lernkreativität zu aktivieren.

5.2.1 Praxiserfahrungen utilisieren

Jedes Team verfügt über einen unendlichen Reichtum an gesammelten Erfahrungen. Versteht es das Team, die Erfahrungen seiner Mitglieder in der Entwicklung der Schlüsselfähigkeiten sich zu Nutze zu machen, so kann es voneinander im Lernprozess profitieren. Am wirkungsvollsten eignen sich dazu Fragen, die einerseits im Kontext zur aktuellen Problemstellung stehen und andererseits auf das WIE der Umsetzung abzielen. Solche könnten z. B. sein: «WELCHES SIND EURE ERFAHRUNGEN MIT METAKOMMUNIKATION?», «WAS DAVON KÖNNEN WIR ALS TEAM FÜR UNS ANWENDEN?», «WAS SOLLTEN WIR ÜBERNEHMEN UND AUF WAS SOLLTEN WIR EHER VERZICHTEN.?» etc. Mithilfe dieser und ähnlicher Fragen geht das Team bereits auf die Stufe der Reflexion und fördert seine Fähigkeiten und Kompetenzen der Metakommunikation.

5.2.2 Begleitung durch Supervision/Coaching

Teamentwicklung ist ein anspruchsvolles Instrument und stellt hohe Anforderungen an alle Beteiligten im Selbststeuerungsprozess. Vor allem zu Beginn der Teamarbeit ist es nicht unüblich, dass Teams die Unterstützung von aussen in Form von Trainern, Prozessbegleitern oder Coaches benötigen (König und Schattenhofer 2015, S. 18 f.). Gerade Coaching, verstanden im Sinne von Hilfe zur Selbsthilfe, ist ein ideales Beispiel dafür, dass die Selbstführung des Teams durch die Befähigung des Teams von aussen unterstützt werden kann.

Die Selbststeuerung des Teams ist durch die situative Unfähigkeit des Teams, Selbststeuerung überhaupt zu vollziehen, limitiert. Mit Hilfe von Coaching oder

Supervision lässt sich dieses Defizit überbrücken. Und dennoch erhöht das Team während der Begleitung von aussen wiederum seine Fähigkeit, sich selbst zu steuern. Für agile Teams ist jedoch entscheidend, dass sie selbst entscheiden, ob sie eine Unterstützung von aussen brauchen oder nicht. Dieser Teamentscheid als solches ist bereits Selbststeuerung – unabhängig davon, ob das Team schlussendlich Unterstützung von aussen in Anspruch nimmt oder nicht.

Gleichzeitig eignen sich Supervision oder Coaching auch sehr gut, um die eigenen Kompetenzen für Metakommunikation zu entwickeln. Im Grunde werden mit Hilfe von Coaching und Supervision alle 4 Lerntypen angesprochen. Der Lerneffekt im Team ist dementsprechend gross und die Entwicklung des Teams schreitet verhältnismässig rasch voran.

5.2.3 Unterstützende Theorie

Theorien gibt es bekanntlich mehr als genug und es eignet sich durchaus eine grosse Anzahl dazu, unterstützend auf die Entwicklung der Schlüsselfähigkeiten und -kompetenzen einzuwirken. Dennoch wird hier aufgrund seiner Ganzheitlichkeit speziell das Systemkonzept für Unternehmen und Teams nach Trigon erwähnt. Kern des Systemkonzepts nach Trigon bilden die 7 Wesenselemente. Diese widerspiegeln die Elemente des Wesens SYSTEM oder AGILES TEAM (Glasl et al. 2014, S. 81). Dabei stehen die 7 Elemente – Identität, Strategie, Funktionen, Menschen, Struktur, Mittel und Prozesse – in Wechselwirkung zueinander. Sie verdeutlichen, dass eine Entwicklung in einem Element, Auswirkungen auf die anderen Elemente hat.

Orientiert sich ein Team in seiner Entwicklung an diesem Systemkonzept, so fördert es die Fähigkeit des systemischen Denkens und gleichzeitig die Kompetenz des Systemverständnisses. Ausserdem hilft dieses Instrument durch seine Ganzheitlichkeit, blinde Flecken in der Teamentwicklung zu vermeiden.

5.2.4 Experimentieren mittels Strukturbildung

Erfahrungslernen im agilen Team kann bedeuten, dass das Team seine grundlegenden Strukturen aufgrund der gesammelten Erfahrung ändert (Gloger und Rösner 2017, S. 23). Die Erfahrung der Teammitglieder steuert den Strukturentwicklungsprozess innerhalb des Teams. Je nach Reifegrad der Selbstbestimmung des Teams, kann es die für die Erledigung der ihm übertragenen Aufgabe benötigte Teamstruktur selbst bestimmen und somit selbststeuernd auf den

Arbeitsprozess und die Arbeitsweisen Einfluss nehmen. Dies geschieht durch die Festlegung von Rollen und Normen.

Strukturbildung braucht Mut, da die Strukturen im Team verändert werden und die Auswirkungen derer erst im Nachhinein sicht- und spürbar werden. Das Team erfährt jedoch innert Kürze, ob es in seiner Herleitung zum Entscheid zentrale Aspekte übersehen hat. Dies fördert unweigerlich das Systemverständnis. Sollte die Strukturbildung als einfache Lösung eines komplexeren Problems umgesetzt worden sein, z. B. eine Rolle entsteht um eine Person und derer Fähigkeiten herum, anstelle aus funktionaler Sicht mit Blick auf Aufgabenstellung und Zielerreichung, so lernt das Team eindrücklich, was es heisst systemisch zu denken. Auch bieten sich Chancen zum Anwenden der Metakommunikation. Reflektiert das Team die Strukturbildung auf Ebene der Veränderungen in der Zusammenarbeit, begibt es sich auf den Weg der Kompetenzerweiterung.

Aber Achtung! Strukturbildung oder -entwicklung als unterstützende Massnahme soll mit Bedacht gewählt werden. Es geht nicht darum innert Kürze so viel wie möglich an der Struktur des Teams zu verändern. Es geht um den gezielten, situativ angepassten Einsatz von entwicklungsfördernden Massnahmen zur Kompetenzerweiterung. Dabei muss jede Veränderung im Team auch für das Team verdaubar sein. Nur so können die richtigen Schlüsse im Sinne der Eigenentwicklung daraus gezogen werden.

5.3   Grenzen der Eigenentwicklung

5.3.1   Limitierte Fähigkeiten im Team

Die Grenzen der Selbststeuerung liegen nicht etwa in den vorgängig aufgezählten Methoden und Werkzeugen. Vielmehr sind sie in den Fähigkeiten und Kompetenzen der Teammitglieder anzutreffen, wenn es darum geht die Methoden anwenden zu können. Ausserdem kann nicht davon ausgegangen werden, dass jedes Team bereits über alle notwendigen Kompetenzen zur Anwendung der Methoden verfügt. Auch wenn ein Team bereits über einen sehr hohen Grad an Autonomie verfügt, ist das nicht gleichbedeutend damit, dass jedes Teammitglied über ausreichend ausgebildete Fähigkeiten und Kompetenzen verfügt. Es gilt auch hier, das Team ist nur so stark, wie sein schwächstes Glied. Es ist somit Aufgabe des gesamten Teams, die Fähigkeiten innerhalb des Teams so zu entwickeln, dass es im Idealfall von sich aus in der Lage ist, Selbststeuerungsmethoden anzuwenden.

5.3.2 Zu Beginn mit Unterstützung

Gerade während der Entstehungszeit des agilen Teams, bedarf es nicht selten der Unterstützung von aussen, da die Teamarbeit anspruchsvoll ist und es vom Reifegrad des Teams abhängt, wie selbststeuernd es handeln kann. Schlussendlich liegt es in der Verantwortung des Teams, nicht nur zu entscheiden, welche Steuerungsform zur jeweiligen Situation passt, sondern welcher Art von Unterstützung im Sinne der Prozessbegleitung es bedarf, um die eigene Autonomie zu entwickeln.

Autonomie kann auch mit Prozessunterstützung von aussen erhalten und entwickelt werden. So lange am System gearbeitet wird, und Methoden zur Selbststeuerung zur Anwendung kommen, steht der Autonomieförderung des agilen Teams nichts im Weg.

5.3.3 Einfluss von ausserhalb

Ebenfalls beeinflussend auf die Eigenentwicklung wirken die Steuerungsimpulse von ausserhalb des Teams. Zwar weniger in der Anwendung der Methoden, als vielmehr in ihrer Wirkung im Hinblick auf die vollständige Autonomieentwicklung des agilen Teams. Wie schon erwähnt ist der Steuerungseinfluss von ausserhalb des Teams um so grösser, je kleiner der Reifegrad der Selbstbestimmung ist. Und das wiederum begrenzt die Eigenentwicklung des Teams. Dennoch bieten sich für agile Teams Möglichkeiten ihre Schlüsselfähigkeiten und -kompetenzen zur Selbststeuerung zu entwickeln. Tun sie das, so beeinflussen sie im Sinne von Wechselwirkungen alle Steuerungsmechanismen im Gesamtsystem. Dies wurde bereits im Wirkungskreis der Führung als Systemdienst schematisch dargestellt. Nichtsdestotrotz, begrenzt die Einflussnahme von ausserhalb die Eigenentwicklung des Teams.

5.4 Viertes Zwischenfazit

Abgeleitet aus den drei Phasen des Schleifenmodells zur Selbststeuerung – Orientieren, Handeln und Reflektieren – bedarf es der Schlüsselfähigkeiten und -kompetenzen, bestehend aus Systemverständnis, systemisches Denken und Metakommunikation, um die Methoden zur Selbststeuerung im Sinne der Arbeit am System anwenden zu können. Abb. 5.1 zeigt schematisch die aufeinander

Abb. 5.1 Haus der Eigenentwicklung des agilen Teams

aufbauenden Abhängigkeiten von der Aneignung von Methodenkompetenzen bis hin zur Realisierung von Eigenentwicklung als agiles Team.

Um in der Metapher des Hauses zu bleiben, bilden die Schlüsselfähigkeiten und -kompetenzen, über welche das agile Team verfügen muss, den Eingang zur schlussendlichen Eigenentwicklung seiner selbst. Unterstützung bei der Aneignung dieser Kompetenzen, holt sich das Team im darunter angesiedelten Lager in Form von Erfahrung, Beobachten, Theorie und Experimentieren. Sind die Fähigkeiten und Kompetenzen ausreichend entwickelt, kann es im ersten Stock angelangt die Methoden zur Selbststeuerung anwenden. Tut es dies, so befindet sich das Team in der obersten Etage und betreibt aus sich heraus Eigenentwicklung. So realisiert es Teamentwicklung im Sinne der Stärkung der Arbeitsfähigkeit und der Förderung der Autonomie (Systemerhalt).

Der Eigenentwicklung sind aber auch Grenzen gesetzt. Grosse Bedeutung wird hierbei den notwendigen Schlüsselfähigkeiten beigemessen. Es ist zwar nicht notwendig das jedes Teammitglied über die gleich ausgeprägt entwickelten Kompetenzen verfügen muss, dennoch muss das Team in der Summe über genügend ausgebildete Fähigkeiten verfügen, um die Methoden zur Selbststeuerung systemstärkend und nutzenbringend anwenden zu können.

Schlussbetrachtungen

6

Häufig wird irrtümlicherweise angenommen, dass agile Teams über weniger Hierarchie und somit weniger Führungsstufen verfügen oder Führung nicht mehr existiert. Differenziert man jedoch zwischen Führung als Funktion, in Form von Führung durch den Vorgesetzten als die ausübende Person, und Führung als Aufgabe, so erlaubt dies auch eine differenzierte Sicht zwischen dem Wegfall von Führung per se, oder dem Wegfall des hierarchisch Vorgesetzten. Selbstorganisation beinhaltet Führung und agile Führungsmodelle zeichnen sich dadurch aus, dass sie die Führungsaufgaben und -verantwortung untereinander auf- oder verteilen. **Führung leistet** dabei grundsätzlich **Dienst am System,** es geht schlussendlich um die **Arbeit am System,** am agilen Team.

Agile Teams verfügen über einen mehr oder weniger stark ausgeprägten **Reifegrad an Selbstbestimmung** (Autonomie). Aus systemtheoretischer Sicht werden Teams als autonome, soziale Systeme verstanden. Agile Team sind demnach nicht direkt von aussen steuerbar und ihre Entwicklungsmöglichkeiten basieren auf sogenannten Rückkopplungsprozessen. Dabei handelt es sich um interventionsbasierte wechselseitige Abstimmungsprozesse (König und Schattenhofer 2015, S. 19). Übersetzt für die selbstgesteuerte Teamentwicklung heisst das, dass agile Teams in der Lage sein müssen, aus sich selbst sich zu **orientieren,** zu **handeln** und zu **reflektieren.**

Um diesen Eigenentwicklungsprozess selbst zu steuern braucht es einerseits sinnvolle Methoden und andererseits vor allem **Schlüsselfähigkeiten und -kompetenzen. Systemverständnis, systemisches Denken** und **Metakommunikation** sind die Schlüsselfähigkeiten zur Selbststeuerung. Ein agiles Team muss sicherstellen, dass es in der Summe über diese Fähigkeiten verfügt. Und gleichzeitig benötigt es das Bewusstsein dafür, dass es als Team immer nur so stark ist, wie sein schwächstes Glied. Das heisst, Teammitglieder bei welchen diese Fähigkeiten nur gering oder gar nicht ausgebildet sind, bilden gleichzeitig die Grenze im selbstgesteuerten Teamentwicklungsprozess.

Abschliessend muss darauf aufmerksam gemacht werden, dass soll vermehrt in agilen Arbeitsmodellen gearbeitet werden, die beschriebenen **Schlüsselfähigkeiten und -kompetenzen als Voraussetzungen für das Gelingen von agiler Teamarbeit** zu verstehen sind. Das heisst, diese Fähigkeiten müssen im Team idealerweise vor Beginn der Einführung agiler Arbeitsweisen ausgebildet werden. Nur so können agile Teams überhaupt erst ihr grösstmögliches Potenzial entfalten um ihren Arbeitsauftrag und das gemeinsame Ziel, effektiver und effizienter als herkömmliche Teams zu bewältigen. Überall dort wo dies nicht der Fall ist, laufen von oben installierte und als agil betitelte Teams Gefahr, ihren eigentlichen Wettbewerbsvorteil gegenüber herkömmlichen Teams schuldig zu bleiben. Will man das vermeiden, so bedeutet das eine konsequente **Begleitung und Entwicklung hin zur agilen Arbeitsweise,** anstelle von: «AB MORGEN ARBEITEN WIR AGIL.».

Was Sie aus diesem *essential* mitnehmen können

- Ein Verständnis über Führung und den Nutzen von Selbststeuerung in agilen Arbeitsmodellen.
- Die Herleitung und Beschreibung benötigter Schlüsselfähigkeiten und -kompetenzen im agilen Team, um Eigenentwicklung zu ermöglichen.
- Mittel, Wege und Methoden, um sich diese Kompetenzen und Fähigkeiten im selbstorganisierten Team anzueignen.

Literatur

Appelo, Jürgen. 2018. Managing for Happiness. Übungen, Werkzeuge und Praktiken, um jedes Team zu motivieren. München: Franz Vahlen GmbH.

Beck, Don Edward, und Christopher C. Cowan. 2017. Spiral Dynamics. Leadership, Werte und Wandel, 7. Aufl. Bielefeld: Kamphausen Media GmbH.

Edding, Cornelia, und Karl Schattenhofer. 2015. Einführung in die Teamarbeit, 2., überarbeitete Aufl. Heidelberg: Carl-Auer Verlag GmbH.

Eppler, Martin J. 2019. Voraussetzungen für selbstorganisierte Teams. Zeitschrift Organisationsentwicklung 38 (2): 60–61 (Erschienen am 1. April 2019).

Ferrari, Elisabeth. 2013. Teamsyntax. Teamentwicklung und Teamführung nach Syst®, 2., erweiterte Aufl. Aachen: FerrariMedia.

Geramanis, Olaf. 2017. mini-handbuch Gruppendynamik. Weinheim: Beltz Verlag.

Geramanis, Olaf. 2013. Vertrauensvolle Kooperation. Oder das Team ist der natürliche Feind der Organisation. In RessourcenKultur. Vertrauenskulturen und Innovationen für Ressourceneffizienz im Spannungsfeld normativer Orientierung und betrieblicher Praxis. Hrsg. Sebastian Klinke, und Holger Rohn. Baden Baden: Nomos Verlagsgesellschaft.

Geramanis, Olaf. 2020. Zusammenarbeit 5.0 – die kooperative Dimension der neuen Arbeitswelt. In Der Mensch in der Selbst-Organisation. Kooperationskonzepte für eine dynamische Arbeitswelt. Hrsg. Olaf Geramanis, und Stefan Hutmacher. Wiesbaden: SpringerGabler.

Glasl, Fritz. 1990. Konfliktmanagement. Ein Handbuch für Führungskräfte, Beraterinnen und Berater, 2. Aufl. Bern: Haupt.

Glasl, Fritz, Trude Kalcher, und Hannes Piber. 2014. Professionelle Prozessberatung. Das Trigon-Modell der sieben OE-Basisprozesse, 3. überarbeitete und ergänzte Aufl. Bern: Haupt.

Gloger, Boris, und Dieter Rösner. 2017. Selbstorganisation braucht Führung. Die einfachen Geheimnisse agilen Managements, 2. überarbeitete Aufl. München: Carl Hanser Verlag.

Häusling, André. 2018. Agile Organisationen. Transformation erfolgreich gestalten – Beispiele agiler Pioniere. Freiburg: Haufe Lexware.

König, Oliver. 2016. MACHT IN GRUPPEN. GRUPPENDYNAMISCHE PROZESSE UND INTERVENTIONEN, 5. Aufl. München: Klett Cotta.

König, Oliver, und Karl Schattenhofer. 2015. EINFÜHRUNG IN DIE GRUPPENDYNAMIK, 7. Aufl. Heidelberg: Carl-Auer Verlag GmbH.

Königswieser, Roswita. 2008. Reflexion als Sprungbrett. In BETRIFFT: TEAM. DYNAMISCHE PROZESSE IN GRUPPEN, 2. Aufl. Hrsg. Peter Heintel. Wiesbaden: VS Verlag für Sozialwissenschaften.

Kaudela-Baum, Stephanie, und Marcel Altherr. 2020. Freiheiten bewusst organisieren – oder: Wie führe ich eine Organisation in die Selbstorganisation? Ansatzpunkte autonomiefördernder Führung. In DER MENSCH IN DER SELBST-ORGANISATION. KOOPERATIONSKONZEPTE FÜR EINE DYNAMISCHE ARBEITSWELT. Hrsg. Olaf Geramanis, und Stefan Hutmacher. Wiesbaden: SpringerGabler.

Laloux, Frederic. 2017. REINVENTING ORGANIZATIONS. EIN ILLUSTRIERTER LEITFADEN SINNSTIFTENDER FORMEN DER ZUSAMMENARBEIT, München: Franz Vahlen GmbH.

Laloux, Frederic. 2015. REINVENTING ORGANIZATIONS. EIN LEITFADEN ZUR GESTALTUNG SINNSTIFTENDER FORMEN DER ZUSAMMENARBEIT, München: Franz Vahlen GmbH.

Lippmann, Eric. 2013. INTERVISION. KOLLEGIALES COACHING PROFESSIONELL GESTALTEN, 3. überarbeitete Aufl. Berlin Heidelberg: Springer.

Morgan, Gareth. 2018. BILDER DER ORGANISATION, Stuttgart: Schäffer und Poeschel.

Moser, Michaela. 2017. HIERARCHIELOS FÜHREN. ANFORDERUNGEN AN EINE MODERNE UNTERNEHMENS- UND MITARBEITERFÜHRUNG, Wiesbaden: Springer Gabler.

Oestereich, Bernd, und Claudia Schröder. 2017. DAS KOLLEGIAL GEFÜHRTE UNTERNEHMEN. IDEEN UND PRAKTIKEN FÜR DIE AGILE ORGANISATION VON MORGEN, München: Franz Vahlen GmbH.

Pinnow, Daniel F. 2012. FÜHREN. WORAUF ES WIRKLICH ANKOMMT, 6. Aufl. Wiesbaden: Springer Gabler.

Ramsauer, Christian, Detlef Kayser, und Christoph Schmitz, Hrsg. 2017. ERFOLGSFAKTOR AGILITÄT. CHANCEN FÜR UNTERNEHMEN IN EINEM VOLATILEN MARKTUMFELD, Weinheim: Wiley-VCH Verlag Gmbh & Co. KGaA.

Schattenhofer, Karl. 1992. SELBSTORGANISATION UND GRUPPE. ENTWICKLUNGS- UND STEUERUNGSPROZESSE IN GRUPPEN, Oppladen: Westdeutscher Verlag GmbH.

Schröder, Claudia, und Bern Oestereich. 2019. Die Organisation der Selbstorganisation. Einsichten aus der Praxis. ZEITSCHRIFT ORGANISATIONSENTWICKLUNG 38 (2): 45 (Erschienen am 1. April 2019)

Schulz von Thun, Friedemann, Kathrin Zach, und Karen Zoller. 2017. MITEINANDER REDEN VON A BIS Z. LEXIKON DER KOMMUNIKATIONSPSYCHOLOGIE, 3. Aufl. Reinbek bei Hamburg: Rowohlt Verlag GmbH.

Schumacher, Thomas, und Rudolf Wimmer. 2019. Der Trend zur hierarchiearmen Organisation. Zur Selbstorganisationsdebatte in einem radikal veränderten Umfeld. ZEITSCHRIFT ORGANISATIONSENTWICKLUNG 38 (2): 14ff. (Erschienen am 1. April 2019)

Steiner, Rudolf. 2016. DIE PHILOSOPHIE DER FREIHEIT. GRUNDZÜGE EINER MODERNEN WELTANSCHAUUNG, 11. Aufl. Basel: Rudolf Steiner Verlag

Wimmer, Rudolf. 2008. Das besondere Lernpotenzial der gruppendynamischen Trainingsgruppe. Seine Bedeutung für die Steuerung des Kommunikationsgeschehens in komplexen Organisationen. IN BETRIFFT: TEAM. DYNAMISCHE PROZESSE IN GRUPPEN, 2. Aufl. Hrsg. Peter Heintel. Wiesbaden: VS Verlag für Sozialwissenschaften.

Internetquellen

Kolb, Alice Y., und David Kolb. 2011. The Kolb Learning Style Inventory 4.0. A Comprehensive Guide to the Theory, Psychometrics, Research on Validity and Educational Applications. https://web.archive.org/web/20170516224452/http://learningfromexperience.com/media/2016/10/2013-KOLBS-KLSI-4.0-GUIDE.pdf. Zugegriffen: 16. Mai 2020.